CAMPUS-F◆CUS

Nero
Versions 5.0 & 5.5

D1396117

Éric Charton

CAMPUSPRESS

Publié par CampusPress
47 bis, rue des Vinaigriers
75010 PARIS
Tél. : 01 72 74 90 00

Mise en pages : CampusPress

ISBN : 2-7440-1363-3
Copyright © 2002 CampusPress
Tous droits réservés
CampusPress est une marque de Pearson Education France

Auteur : Éric Charton

Table des matières

Introduction

Le logiciel de gravure de CD Nero existe depuis de nombreuses années. Challenger depuis toujours des deux poids lourds du marché que sont Easy CD d'Adaptec et WinOnCD de CeQuadrat, Nero a pourtant fidélisé, dès ses débuts, un noyau d'utilisateurs "spécialistes", férus de copies acrobatiques, qui l'ont toujours privilégié. Phénomène compréhensible quand on sait que son éditeur, la société Ahead, ne s'est jamais privé de cultiver le côté sulfureux du produit… Car Nero a été le premier à savoir copier des CD de consoles et graver des disques protégés par surcapacité (overburning). Il est immédiatement devenu compatible avec les séquences MP3 quand ces dernières ont explosé sur Internet.

Bref, Nero s'est taillé un joli succès. Mais il se débarrassait difficilement de son image de machine de pirate. Il faut dire que son éditeur enfonçait le clou en adoptant pour logo un disque enflammé et en appelant l'interface du logiciel Burning Rom ("Burn, burn, burn", c'est-à-dire "brûle, brûle, brûle", est le slogan de la plupart des sites Internet et des outils logiciels de copie pirate…).

Le temps a passé, et le marché de la gravure s'est ouvert au grand public. Simultanément, les parts de marché prises par Ahead, appuyé en France par un importateur très performant, WSKA, ont considérablement progressé.

C'est dans ce contexte que la version 5.0 de Nero a vu le jour : une interface moins austère, des modèles de gravure mieux adaptés à la création (alors que toutes les versions antérieures étaient plus axées sur la copie) et à la manipulation de données à graver.

Une version 5 qui voulait donc faire entrer Nero dans la cour respectable des grands. Mais on ne se refait pas en une version, et l'ajout d'un module de gravure de CD vidéo démontrait que Nero n'oubliait pas sa clientèle underground : muni de quelques utilitaires extérieurs, vous pouviez reproduire un DVD vidéo sur format CD-R… Malheureusement, ce module vidéo, trop austère, ne pouvait convenir à la nouvelle communauté d'utilisateurs plus sages… Cette même clientèle aime aussi graver sur CD-R des vidéos plus classiques, issues par exemple d'un Caméscope ou d'une cassette VHS. C'est sur ce constat qu'est apparue en mars 2001 la version 5.5 de Nero.

Outre quelques améliorations de principe (correction de défauts, meilleure reconnaissance des graveurs), cette version introduit — enfin, diront les amoureux de ce logiciel — des applicatifs qui ne sont pas directement impliqués dans le processus de gravure, mais qui s'avèrent pourtant essentiels lorsqu'on souhaite créer un disque et manipuler son contenu :

- **un éditeur de données audio pour corriger et traiter des séquences sonores à graver**, outil indispensable pour copier des disques vinyle sur CD par exemple ;

- **un module de création d'interface de CD vidéo et un compresseur MPEG**, essentiels pour organiser et graver n'importe quel CD-R vidéo, depuis toutes les sources imaginables.

Ce livre a donc changé en quelques jours son titre original, Nero 5.0, en Nero 5.x. Disons au passage qu'il est probablement le premier guide pratique de Nero 5.5 sur le marché : Nero n'est en effet pas réputé pour la qualité de ses manuels d'utilisation… Tant mieux ! Cela me permet de m'adonner à l'écriture, et le logiciel n'en est pas moins très performant !

Entendons nous bien : Nero 5.5 reste la version la plus récente (plus précisément 5.5.4.0), et tout ce qui est décrit et illustré dans ce livre est de la dernière actualité.

Le support du DVD

Première de ces nouveautés — d'ailleurs toujours exclusive à Nero 5.5 à ce jour — la capacité pour le logiciel d'utiliser un graveur de DVD-R ou de CD-R. La plupart des appareils compatibles DVD-R sont désormais automatiquement reconnus par la dernière version du logiciel (Phillips DVD-RW, Pioneer DVR 103 et 104 par exemple).

Il n'existera donc pas de version "spécifique DVD-R" de Nero. A partir de Nero 5.5, tout PC équipé d'un graveur de DVD-R compatible avec la version 5.5 est considéré par Nero comme une station de gravure de DVD. C'est à mon goût la solution la plus sage pour les utilisateurs, qui conservent leur interface utilisateur en passant sur une nouvelle génération de matériel.

La version 5.5.4.0 de Nero est capable de graver ou de copier sur des DVD-R les formats DVD ISO, DVD UDF (en utilisant le modèle UDF de la version 5.5), ainsi que sur des DVD bootables. Cette même version est par ailleurs capable de graver indifféremment sur DVD-R, DVD-RW ou DVD+RW.

Attention cependant, si vous êtes équipés d'une version 5.5 antérieure à la 4.0, vous ne pouvez pas graver ces disques. Si vous vous trouvez dans ce cas de figure, téléchargez la dernière mise à jour sur le site de l'éditeur (**http://www.ahead.de**).

Un dernier mot sur cette nouvelle possibilité : ne vous méprenez pas sur les capacité de Nero 5.5 en matière de gravure de DVD-R. Comme au premier temps de la gravure sur CD-R, Nero gère le média DVD-R, mais pas forcément tous ses formats. Pour illustrer ce point, rappelons que la première version de Nero (1.0) était capable de copier un CD vidéo mais pas de le créer (cette fonction n'est apparue que dans Nero 5). De même, Nero 5.5 sait reproduire un DVD-ROM ou un DVD vidéo, mais n'est pas encore muni des outils de création de DVD vidéo (avec ses formats particuliers et ses interfaces à menus). Il n'est pas plus capable de créer le futur DVD audio. A titre d'information, le format "DVD-ROM" correspond à un modèle UDF gravé sur DVD-R. Le DVD-ROM sera donc le seul disque que Nero pourra graver directement, sans recourir à des outils extérieurs.

Les plug-in

Autre amélioration, l'arrivée de deux plug-in, l'un gratuit et l'autre payant, qui donne à Nero une meilleure compatibilité avec les dernières technologies du marché.

Le plug-in WMA est gratuit. Il apporte à Nero 5.5 la compatibilité avec le nouveau format audio de Microsoft, créé pour enrayer le phénomène MP3. Vous pouvez avec ce module logiciel récupérer une séquence sonore WMA et la graver directement sur un CD audio, comme vous le feriez avec une séquence MP3.

Le plug-in MPEG-2-SVCD est payant. Il apporte à Nero la possibilité de convertir n'importe quelle séquence vidéo d'un PC (à l'exception du format Quicktime) en séquence MPEG-2 compatible avec le format SVCD. C'est une solution remarquable pour transférer vos séquences issues de caméscopes numériques sur des CD-R vidéo lisibles dans des lecteurs de DVD de salon. Nous reviendrons sur ce sujet. C'est aussi la promesse qu'à brève échéance, Nero saura graver de A à Z un DVD vidéo (lui aussi basé sur des contenus vidéo au format MPEG-2), comme il le fait déjà avec les CD vidéo.

Ce que vous trouverez dans ce livre

Nous avons divisé ce livre en trois grandes parties. Dans la première, composée de trois chapitres, nous vous présenterons Nero dans ses évolutions successives. Le premier chapitre, très important, retracera le cheminement de ce logiciel, et vous aidera à comprendre quelques-unes de ses clés. Nous étudierons ensuite comment on installe cet outil (Chapitre 2), et nous explorerons son interface d'un point de vue général (Chapitre 3).

Dans la deuxième partie, composée de six chapitres, nous mettrons en œuvre le logiciel sous un angle pratique, ce qui nous servira d'alibi pour explorer les différents formats de disques qu'un PC graveur peut créer avec Nero. Nous copierons et nous graverons tous les types de CD : audio, ROM, réinscriptible… Nous étudierons les fonctions de Nero les plus récentes en matière de gestion de musique : éditeur audio, gestion de listes M3U, bases de données audio.

Nous apprendrons aussi à maîtriser quelques fonctions particulières de Nero 5.0 et 5.5, qui en font un logiciel vraiment très différent de ses concurrents. Ainsi, lui seul sait créer des CD amorçables, des CD pour Macintosh en utilisant un PC, ou encore des disques overburnés, c'est-à-dire excédant les 74 minutes du standard CD-R. Nous vous dévoilerons ses fonctions les plus sophistiquées : savez-vous qu'il est possible de graver des disques de près de 90 minutes avec Nero associé à certains graveurs ? Seul Nero peut le faire, et nous allons le prouver !

Nous terminerons cet ouvrage avec une troisième partie entièrement dédiée à la copie et à la gravure de disques vidéo. Thème à la mode : comment copier des DVD vidéo ? Les transformer en CD vidéo ? Reproduire sur des CD lisibles avec un lecteur de DVD de salon une séquence extraite d'un Caméscope DV sans perte de qualité ? Nous vous expliquerons tout cela dans cette partie, qui présente pour la première fois les fonctions supplémentaires — très évoluées — de la version 5.5 de Nero en matière de gravure vidéo.

Autres ouvrages à lire

La suite logique de ce livre, est l'ouvrage sur la gravure de CD audio : *Se former en un jour Gravure des CD audio*, du même auteur. Nous avons jugé utile de développer ce thème, car de très nombreux lecteurs s'y intéressent. Pour aller plus loin, vous trouverez, également aux éditions CampusPress, un ouvrage exhaustif, destiné aux utilisateurs les plus expérimentés : *Le Magnum Gravure des CD et DVD*.

Les compléments d'information sur Internet

L'auteur sera ravi de vous proposer de nombreuses informations complémentaires concernant la gravure sur sa homepage :

http://martignan.com/echarton.

C'est à cette adresse que vous trouverez de nombreux liens relatifs à Nero, qui, nous l'espérons, compléteront efficacement le site de l'éditeur :

http://www.ahead.de (issu de http://www.nero.com).

Quelques mots sur l'auteur

Journaliste, collabore régulièrement à *PC Magazine*, *SVM*. Editeur au sein de l'agence Martignan Publishing. Rédacteur en chef de hors-séries pour le groupe Sepcom (*1 000 trucs et astuces*, *Construisez votre PC*, *Gravure de CD*, *Finance et Bourse*).

Ancien rédacteur en chef de *PC Magazine* et de *Génération PC*.

Bibliographie

Quand je ne m'amuse pas avec mes deux graveurs, j'écris des livres et des articles de presse. En voici la liste !

Livres (classés par thèmes)

Overclocking

Se former en un jour Overclocking (Editions Campus-Press, 2000).

Gravure

Le Starter Gravure des CD (Editions CampusPress, 2000) ;

Le Macmillan Gravure des CD (Editions Campus-Press, 1999).

Campus Focus Gravure des CD et DVD (Editions Campus-Press, 2002) ;

Internet

Solutions.net Créer un site Internet (écrit en collaboration avec Olivier Pavie, Editions CampusPress, 2001) ;

Le Starter Créer un intranet (Editions CampusPress, 2000) ;

Web Book Flash 5, Animation Web (Editions Campus-Press, 2000) ;

Solutions.net, Flash 5 (Editions CampusPress, 2001) ;

Web Book Web TV (Editions CampusPress, 2001).

Sites Internet

www.webgratuit.com (conception éditoriale du site) ;

www.lewebmaster.net (publications relatives à Internet).

Chapitre 1

L'histoire de Nero

Parmi les logiciels de gravure, rares sont ceux qui méritent un livre entier : non pas par manque de performances, mais plutôt en raison de l'absence de ces petits ou grands plus qui font qu'un logiciel — quel qu'il soit — passe du stade de simple outil à celui d'instrument incontournable.

Et, à n'en pas douter, Nero fait partie de ces instruments incontournables. Tant de louanges ? s'interrogeront les lecteurs avertis. Suspect ! Dites, l'auteur, vous êtes acheté ? Non, lecteur, je suis comblé !

Car nous sommes bien loin de l'univers feutré et consensuel des éditeurs de logiciels de gravure tels qu'Adaptec (Easy CD) ou CeQuadrat (WinOnCD, d'ailleurs racheté par Adaptec). L'éditeur de Nero, la société allemande Ahead, a toujours cultivé l'esprit "poil à gratter" de son outil en réaction à la mentalité un peu coincée des militants de l'antigravure.

Rappel de trois étapes clés pour vous faire toucher du doigt le côté underground si délicieux de Nero :

- Les CD-ROM overburnés (c'est-à-dire dont la taille complète dépasse celle normalement inscriptible par un graveur), aucun logiciel ne pouvait les copier ? Nero l'a fait !

- Pas vraiment évident de copier les CD-R MP3 lisibles sur un lecteur de salon ? Nero sait le faire !

- Compliqué de graver un CD vidéo qui utilise toutes les possibilités d'un lecteur de DVD de salon (notamment sa capacité à afficher une qualité MPEG-2) ? Nero l'a fait !

En d'autres termes, Nero cultive son côté sulfureux de "logiciel de copieur". Enfin, sulfureux, ce n'est pas moi qui le dis, ce sont plutôt les autres, ses détracteurs. En ce qui me concerne, je dirais plutôt "logiciel d'utilisateur créatif et autonome" !

- Oui, Nero peut créer sur un CD-R une copie de DVD vidéo… Mais il peut aussi, et il est le seul, vous aider à graver un CD-R vidéo contenant une séquence extraite d'un Caméscope DV.

- Oui, Nero peut créer un CD-R de MP3 lisible sur lecteur de salon (avec le dispositif CDDB)… Mais, si vous avez acheté les CD originaux, vous avez le droit de manipuler les MP3 en question !

- Oui, Nero peut créer une copie de CD-ROM over-burné… Mais, si vous possédez l'original, c'est un droit qui vous est acquis !

Bref, cette richesse fonctionnelle, si elle est souvent décriée par les concurrents et les professionnels du média, est un véritable atout pour nous, utilisateurs. Et si vous tenez ce livre entre vos mains, évidemment, c'est que vous le savez !

Nero 5.0

Vendue moins de 75 euros (500 francs), la version 5.0 marque l'entrée de Nero dans le monde des logiciels de gravure intégrés. En matière de format à graver, Nero 5.0 sait (déjà) tout faire : XA, CD audio, mixte, HFS, bootable et même multisession avec liaisons entre sessions (pour un accès plus facile aux sessions multiples). Côté contenu, Nero 5.0 gère parfaitement les CD audio : depuis longtemps déjà, il savait extraire des pistes et les convertir en fichiers .wav, mais il incorpore désormais une conversion automatique de fichiers MP3 en séquences pour CD audio.

L'interface est aussi très conviviale : une fenêtre de layout contient l'arborescence des fichiers à graver et des menus à onglets pour choisir les options de gravure. Ces dernières sont innombrables et peuvent faire face à tous les cas de figure : mode ISO (avec récupération d'images en provenance d'autres logiciels pour la compatibilité), gravure à la volée ou piste par piste.

Evidemment, la force de Nero 5.0, comme dans les versions précédentes, réside dans l'overburning. Le logiciel examine la capacité du support vierge et celle du disque à copier, il définit les paramètres d'overburning et lance la copie comme si de rien n'était ! Mais plus seulement.

La vidéo

Car sur un point, jusqu'ici, Nero restait désespérément mauvais : la vidéo, que tous ses concurrents supportaient. Nero gère enfin celle-ci, à travers deux modèles de création de CD vidéo. Le premier modèle travaille avec des séquences MPEG-1 classiques, lisibles avec certains lecteurs de DVD vidéo.

Mais il est également possible d'adopter le format SVCD pour créer des CD vidéo au format MPEG-2. Avantages : la qualité est remarquable et on peut lire les disques ainsi créés avec des lecteurs de DVD de salon, en obtenant quasiment l'aspect visuel d'un DVD. Inconvénient : on peut stocker seulement 35 minutes de vidéo sur un CD-R, à comparer aux 70 minutes d'un CD vidéo classique au format MPEG-1.

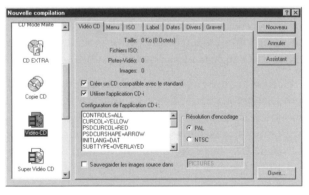

Figure 1.1 : Nero 5.0 et la vidéo.

Le son

En ce qui concerne les fonctions audio, les filtres améliorent la qualité des séquences récupérées par digitalisation de disques vinyle. Vous pouvez tester le résultat de l'application de ces filtres en temps réel, et les cumuler, comme dans WinOnCD. Vous trouverez également des filtres dits de karaoké pour annuler une voix sur le CD-R audio : intelligent.

Nero 5.0 est désormais compatible avec les listes M3U (des fichiers contenant des listes de séquences audio sous une forme textuelle). Ce qui permet de récupérer ces données avec un simple éditeur de texte, et, surtout, autorise la lecture des CD-R créés pour contenir des séquences MP3 avec des logiciels MP3 classiques, ou encore avec des lecteurs MP3 de salon. Nero est d'ailleurs maintenant associé à un outil de lecture MP3, NeroMediaPlayer.

⊕ *info*

À propos des lecteurs MP3 de salon
Il existe désormais des lecteurs de CD de salon compatibles MP3. La plupart de ces lecteurs adoptent le format M3U pour reconnaître les séquences sonores MP3 gravées sur des CD-R. Pour plus d'informations sur ces lecteurs, consultez le site **http://www.umax.com**. Signalons que l'on trouve également un baladeur capable de lire des CD MP3 (le Philips Expanium) !

Les fonctions CD Database sont une nouveauté de la version 5.0, tout comme les formats de fichiers WMA (Microsoft Audio). Dans ce format, toutes les informations textuelles interagissent de manière transparente : créez un CD M3U, un

Figure 1.2 : Les fonctions de base de données.

CD-Text, tout est automatique ! Ahead a par ailleurs ajouté quelques fonctions de copie de CD Extra, multisessions.

Nero 5.5

Les quelques lacunes en matière d'édition audio ou de création de CD vidéo empêchaient encore cette version de concurrencer deux logiciels d'Adaptec : Easy CD et WinOnCD (racheté en 1999).

Les plus de la version 5.5

Nous avons donc vu débarquer, fin mars 2001, la version 5.5 (commercialisée en France depuis fin avril 2001), qui remplace dans les rayons la version 5.0. Peu de différences techniques lourdes entre les deux. La version 5.0 avait déjà introduit de nombreuses nouveautés. La version 5.5 a donc

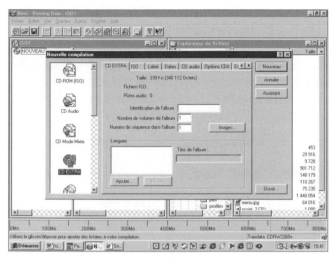

Figure 1.3 : Les modèles, et notamment le nouveau CD Extra.

Figure 1.4 : Le site de la société Ahead, éditrice de Nero.

corrigé et amélioré la précédente. La version 5.5 a ensuite évolué en 5.5.4.0, version qui propose notamment le support des graveurs de DVD-R, ainsi que deux nouveaux plug-in audio et vidéo (WMA et MPEG-2-SVCD). Si vous êtes équipé de versions 5.5 antérieures à la 5.5.4.0, vous pouvez télécharger les améliorations gratuitement depuis le site web de l'éditeur de Nero (**www.ahead.de**).

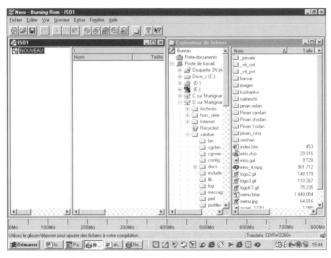

Figure 1.5 : L'interface de la version 5.5, pratiquement pas de différences !

Quoi de neuf ? Beaucoup de vidéo, un peu d'audio et pas mal de petites rectifications de défauts. En commençant par la gravure multiple, qui permet de graver en multitâche sur un PC équipé de plusieurs graveurs. Pratique pour les petites séries. Signalons qu'un module qui autorise des gravures multiples et simultanées pouvant aller jusqu'à 32 CD-R/RW est fourni en option. Dans ce cadre particulier, Nero excelle vraiment, et de très nombreux prestataires de services l'ont d'ailleurs retenu.

Passons maintenant aux incorporations des mises à jour de produits annexes sur le CD-ROM de Nero 5.5. Ainsi, InCD version 2.0, l'outil de gestion des CD-RW en mode réinscriptible et accessibles en ligne, remplace l'ancienne version 1.6 (signalons d'ailleurs que nous avons trouvé la version 2.0 sur le CD que nous avons utilisé, mais que le site d'Ahead proposait déjà la version 2.10).

Le module Advanced Nero ImageDrive permet de visualiser (ou d'exécuter) le contenu de l'image d'un CD avec Microsoft Explorer avant de la copier.

Des petites touches pas très spectaculaires. Les nouveautés essentielles se trouvent ailleurs. Examinons-les !

Nero Wave Editor

En commençant par le module intégré d'édition de sons Nero Wave Editor, qui tente d'introduire dans Nero un outil de gestion et de traitement de séquences sonores aussi sophistiqué que celui de WinOnCD. Nero Wave Editor vous propose d'appliquer des traitements sur des fichiers audio avec une convivialité d'utilisation poussée. Il est par exemple possible de revenir en arrière avec des fonctions de type Undo ou de préauditionner tous les effets avant de les appliquer.

En résumé, Nero Wave Editor se caractérise par :

- une gamme étendue d'options de traitement du son avant enregistrement ;

- la possibilité d'écouter les effets en temps réel pour en simplifier le choix et la configuration ;

- la mémorisation des paramètres les plus fréquemment utilisés ;

- un ensemble très complet de fonctions de conversion, de filtrage et d'amélioration du son.

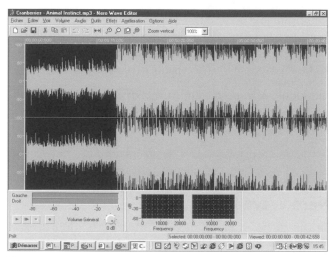

Figure 1.6 : Nero Wave Editor.

Nero Cover Editor

En plus du module de traitement sonore, nous trouvons un outil de dessin et d'impression : Nero Cover Editor. Ce module vous permet de créer facilement étiquettes, jaquettes et livrets pour personnaliser vos CD et leur boîtier, avec, notamment :

- de nombreux effets graphiques ;

- des modèles personnalisables ;

- la possibilité d'utiliser les marques d'étiquettes les plus répandues ;

- des échantillons fournis, ainsi qu'un outil mécanique d'application des étiquettes rondes pour les disques CD-R.

Nero Cover Editor remplace le logiciel extérieur de Nero utilisé jusqu'ici, exPressIT. Entendons-nous, exPressIT, qui équipe Nero 5.0, est aussi performant que Nero Cover Editor. Il s'agit d'un outil complet, mais, à notre avis, insuffisamment intégré aux modules de gravure de Nero.

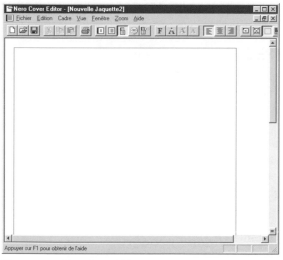

Figure 1.7 : Nero Cover Editor.

En matière de vidéo...

Les améliorations en matière de gravure et d'édition de CD audio sont donc parmi les plus voyantes. Mais évidemment, c'est en matière de création et de manipulation de CD vidéo que Nero 5.5 tente de rattraper, avec succès, le retard pris sur ses concurrents. Cette version intègre en effet deux modules essentiels :

- un codeur MPEG-1, qui permet de créer les vidéos en partant de n'importe quel format ;

- un outil d'édition du modèle Video-CD, qui permet de développer des interfaces à menus comme sur un DVD vidéo.

Nero MPEG-1 Video Encoder

Examinons ces options, en commençant par le codeur MPEG-1 (module d'encodage MPEG-1 et de création de CD vidéo interactifs). Nero offrait déjà la possibilité de créer des Video-CD (VCD et SVCD) à partir de fichiers MPEG, mais il ne savait pas générer ces séquences. La version 5.5 va désormais plus loin, en simplifiant la procédure de création : grâce à ce codeur intégré, un simple glisser-déposer des fichiers AVI dans Nero permet de convertir automatiquement ces fichiers au format MPEG-1.

Nero MPEG-2 Video Encoder

Nero a pour atout de savoir graver des CD vidéo évolués : des disques de courte durée (30 minutes de vidéo sur un CD-R de 74 minutes), mais mettant en œuvre de la vidéo MPEG-2 (celle du DVD). Malheureusement, aucun outil ne permettait de créer ce format de séquence vidéo jusqu'ici. Ahead a donc décidé de livrer un codeur MPEG-2

optionnel, de très haute qualité. Avec lui, vous allez pouvoir transformer tous les fichiers MPG, AVI, Mov, ASF, et
les séquences extraites de vos caméras numériques, en vrai
vidéo SVCD, haute qualité. Les possibilités de ce codeur
sont les suivantes :

- 100 % compatible avec la norme SVCD. Ce codeur créé
  donc des séquences vraiment lisibles sur lecteur de
  DVD de salon compatible SVCD, et peut au besoin
  réencoder des séquences MPEG-2 non reconnues par
  ces mêmes lecteurs. (Les lecteurs les plus affûtés dans ce
  domaine apprécieront la performance…)

- Codage double passe de haute qualité.

- Algorithme de calcul optimisé avec les processeurs
  AMD Athlon, Pentium III, et Pentium 4.

Les caractéristiques techniques de ce codeur sont les suivantes :

- Audio :
    - MPEG-2, codage Layer2 audio ;
    - Stereo, 44,1 kHz ;
    - Génération du CRC (Protocole de correction
      d'erreur).

- Vidéo :
    - Pal : 480 × 576, 25 images/sec, entrelacé ;
    - NTSC : 480 × 480, 29,97 images/sec, entrelacé.

Attention, ce codeur vidéo est livré selon le même principe
que le codeur MP3. Il est limité en utilisation. Il faut l'acheter pour le rendre totalement opérationnel (16 $ sur le site

de Ahead). Ne nous plaignons pas : ce type de plug-in est très onéreux, et le choix de l'offrir seulement en option permet à Ahead de maintenir un prix bas sur la version classique de Nero 5.0.

L'interface de création de menus

Nero permet aussi de créer un écran d'accueil avec des vignettes de prévisualisation, en respectant le standard du CD vidéo. Lu sur un lecteur de DVD compatible avec la norme CD vidéo, ce dispositif permet de créer une interface à menu.

Ce menu utilise une ou plusieurs pages qui seront lues au début du CD-R VCD ou SVCD. L'utilisateur pourra ensuite naviguer dans ces pages de menu grâce aux boutons Précédent et Suivant du lecteur. Les pages du menu affichent tous les éléments présents sur le CD. Il est possible de sélectionner un élément du menu en utilisant les touches numériques ou une télécommande. Cette interface permet accessoirement de créer des CD-Photo, lisibles eux aussi avec le lecteur de DVD.

Rien à dire : côté CD vidéo, Nero 5.5 est désormais au top !

Les améliorations annexes

Nero 5.5 introduit également quelques améliorations annexes. Citons l'interface des plug-in audio, qui vous aide à gérer la multiplication des nouveaux formats audio.

C'est cette fonction qui a permis d'ajouter le plug-in WMA dont nous parlions dans l'introduction. Cette possibilité a par la suite été étendue aux fonctions vidéo, et a servi pour ajouter le support du codeur MPEG-2-SVCD.

Dans le même esprit, Nero 5.5 comprend une interface d'applications API intégrée. Cette fonction permet aux développeurs d'ajouter les fonctions de gravure de Nero 5.5 à leurs propres programmes, sans même avoir à ouvrir l'application. La détection de virus avant gravure exploite un antivirus intégré dont la base est mise à jour *via* Internet. Cette fonction tient du gadget, puisque les techniques antivirus mises en œuvre par Nero ne sont pas décrites. Nous ne pouvons donc pas savoir si ce module est fiable ou pas. En ce qui me concerne, je vous suggère de maintenir votre antivirus habituel sur votre machine plutôt que d'utiliser celui de Nero.

En matière de pilotage de stations de gravure évoluées, Nero 5.5 est mieux reconnu par Windows 2000 et il donne la possibilité de sélectionner les utilisateurs autorisés à effectuer des gravures sur ces stations.

Les outils de configuration de Nero

Pour finir, Ahead a ajouté sur le CD de son logiciel deux utilitaires importants — que nous utiliserons dans le prochain chapitre — pour améliorer la configuration des stations de gravure.

- **Nero CD Speed.** Ce banc d'essai mesure toutes les fonctions du graveur (vitesse, taux de transfert, temps d'accès, taux d'utilisation du processeur, etc.).

- **Nero Drive Speed.** Cette fonction modifie la vitesse des lecteurs et des graveurs, afin de réduire le bruit excessif émis par certains d'entre eux. Cette adaptation de la vitesse de rotation permet d'optimiser les performances, notamment avec les jeux vidéo. Rien à voir avec la gravure, mais il s'agit néanmoins d'une petite attention bien sympathique !

Ajoutons que Nero 5.x est comme à l'accoutumée livré en 14 versions linguistiques sur un seul et même CD. J'imagine que vous vous préoccupez assez peu de l'interface utilisateur russe, danoise ou coréenne, mais le phénomène est si rare qu'il mérite d'être signalé !

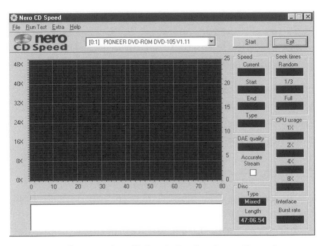

Figure 1.8 : Le nouvel outil d'optimisation de configuration CD Speed.

Politique de mise à jour et évolutions

Il vous est impossible d'apporter à Nero 5.0 les fonctions de Nero 5.5 sans passer par une mise à jour. Si vous sautez cette étape, vous devrez vous contenter des éléments du logiciel proposés sur le site de la société Ahead, qui sont fournis sous forme de patchs, ou de nouveaux pilotes. Vous pourrez donc actualiser votre Nero 5.0 avec des mises à jour Nero 5.0 et votre Nero 5.5 avec des mises à jour 5.5, mais pas passer de l'une à l'autre version.

Tous les utilisateurs de Nero 5.0 en version du commerce ou livré en bundle avec un graveur recevront une version gratuite de Nero 5.5. Les utilisateurs de Nero 4.0 — y compris ceux qui ont reçu une mise à jour gratuite vers la version 5.0 — devront en revanche acquérir une version à prix préférentiel.

Quel que soit votre choix, vous trouverez dans les chapitres qui suivent les explications qui correspondent à votre équipement, avec, le cas échéant, la mention de la version de Nero concernée.

Chapitre 2

Installation

Nero est un logiciel relativement simple à installer, sans grandes difficultés de configuration, pour peu que votre station de gravure soit à peu près standard, c'est-à-dire équipée d'un graveur et d'un lecteur de CD-ROM vendus dans le commerce ces trois dernières années. Le logiciel reconnaît pratiquement tous les graveurs du marché, y compris lorsqu'il opère dans des modes de gravure dits non standard tels que l'overburning.

Cette remarque est valable à la fois pour la version 5.0 et pour la version 5.5. Néanmoins des progrès très significatifs ont été accomplis entre les deux versions, ce qui nous amène à vous présenter les procédures d'installation dans deux sections distinctes.

Installation de Nero 5.x

L'installation de Nero 5.0

L'installation de la version 5.0, téléchargée depuis le Web ou le CD-ROM, est classique : exécution du logiciel qui se décompacte automatiquement dans le premier cas, et insertion et reconnaissance automatique par l'ordinateur dans le second.

Dans la grande majorité des cas, Nero reconnaît automatiquement vos lecteurs de CD-ROM et de disque dur, tout comme votre graveur.

Tout au plus Nero 5 affichera-t-il une fenêtre présentant les paramètres de notification d'insertion automatique de vos différents lecteurs, et vous proposera le cas échéant de supprimer cette possibilité. Un conseil : pour ce qui est du graveur, désactivez la notification d'insertion ! Nero 5 prétend gérer cette fonction (alors que les versions antérieures ne le faisaient pas), mais on ne compte plus les problèmes de gravure ni les médias gâchés, tous produits logiciels et matériels confondus, à cause de cette fonction de Windows.

◆ *info*

Nero Boot Menu

Si vous envisagez d'utiliser Nero 5.0 en association avec d'autres outils de gravure déjà installés, utilisez l'interface Nero Boot Menu, disponible sur le site **http://www.ahead.de**.

Nero 5, parce qu'il exploite un certain nombre de fonctions particulières des graveurs, est obligé d'utiliser ses propres dispositifs logiciels de pilotage. Par conséquent, il est incapable de fonctionner sans ce Boot Menu, notamment

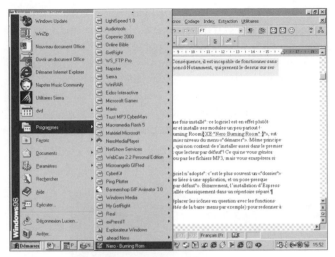

Figure 2.1 : Nero 5.0, un logiciel envahissant.

en association avec Easy CD ou WinOnCD, qui prennent le dessus sur ses propres pilotes.

Un logiciel envahissant...

Nero 5.0 est plutôt envahissant. Il ne crée pas son propre dossier et installe ses modules un peu partout ! L'interface du logiciel, par exemple, baptisée Nero Burning Rom, est directement appelée par une icône installée dans le premier niveau du menu Démarrer. C'est un mode d'installation peu courtois qu'aucun logiciel n'adopte. Le plus souvent, un dossier est spécialement créé pour contenir toutes les icônes liées à une application, et on vous interroge presque toujours avant d'établir une application par défaut. Bizarrement, exPressIT, fourni sur le CD-ROM de Nero, est pour sa part installé classiquement dans un répertoire séparé.

Cela dit, rien de bien méchant jusqu'ici, il vous suffira de déplacer les icônes en question avec les fonctions d'organisation classiques de Windows (par les Propriétés de la barre de menus, par exemple) pour réorganiser proprement votre système.

... et peu partageur !

En revanche, certaines applications essentielles de Nero 5.0 posent des problèmes bien plus ennuyeux et difficiles à résoudre.

Figure 2.2 : InCD refuse de cohabiter !

C'est le cas du module de gravure de CD-RW, le logiciel Packet-Writing, qui refuse totalement de fonctionner si un autre module de gestion de CD-RW est déjà présent ! Pas de problème, pensera le lecteur érudit, il suffit de désinstaller l'ancien module ? Faux ! Vérification faite, l'outil de gravure réinscriptible de Nero persiste parfois dans son message, même si de simples clés de registres demeurent !

Nos essais d'installation de ce module sur un PC ancienne-
ment équipé des outils d'Adaptec et de CeQuadrat se sont
avérés totalement infructueux jusqu'à ce que nous régéné-
rions la base de registres en question... par une réinstal-
lation de Windows. Ça ne fait jamais de mal, mais c'est
quand même agaçant !

Mais bien encadré !

Halte aux plaintes : hormis ces quelques points, globale-
ment, Nero 5.0 s'installe plutôt facilement sur une station
neuve, et tous les problèmes de configuration qui pourraient intervenir sont désormais anticipés par son éditeur,
via un ensemble de petits utilitaires.

Ces outils sont présentés sur la page de téléchargement :

http://www.ahead.de/en/download.htm.

L'installation de Nero 5.5

En matière de logiciels grand public, cinq petits dixièmes
suffisent parfois à modifier considérablement une procédure d'installation. Celle de Nero 5.5 est bien plus conviviale que celle de Nero 5.0. Finies les icônes envahissantes :
désormais, Nero 5.5 crée un dossier à part dans le menu
Démarrer, et y organise ses propres dossiers de manière
beaucoup plus propre. Signalons que Nero 5.5 installe le
dernier jeu de pilotes ASPI (nous allons y venir) d'Ahead,
très fiable, et que les problèmes de pilotes que nous allons
décrire ne le concernent quasiment jamais.

À propos du message "Attention graveur et lecteur sur la même nappe IDE"

Si votre graveur et votre lecteur de CD ou DVD-ROM sont installés sur la même nappe IDE, Nero 5.5 vous préviendra avec le message "Attention graveur et lecteur sur la même nappe IDE". Le logiciel vous adresse ce message, car la cohabitation d'un graveur et d'un lecteur sur une même nappe peut créer des conflits d'arbitrage entre les deux périphériques (notamment en mode Copie de disque). Ces conflits ne provoquent pas de défauts, mais ils ralentissent la configuration et peuvent générer des erreurs de gravure. Vous n'êtes pas concerné si votre graveur est en mode 2× sur une station de base ou en mode 4× sur un PC puissant (600 MHz et plus). En revanche, avec des graveurs en mode 6× et supérieur, nous vous recommandons de tenir compte de cet avertissement, et de placer votre lecteur sur la nappe du disque dur, pour laisser le graveur seul sur son propre bus IDE.

Le problème des pilotes du graveur

Car, en matière d'installation de graveur, parfois, la reconnaissance par un logiciel est quelque peu compliquée… Explications ! Chaque composant d'un PC est relié à un autre composant par un lien matériel. Un peu comme une route relie deux villes ou deux maisons (c'est d'ailleurs à cause de cette métaphore que l'interface qui reçoit toutes sortes de cartes d'extension d'un PC — carte vidéo, carte son — s'appelle le bus).

Pour notre graveur, qui est une mémoire de masse, à l'instar d'un disque dur ou d'un lecteur de CD-ROM, c'est l'interface classique de cette famille de périphériques qui sera utilisée. *A priori*, simple, direz-vous. Il n'existe que deux grands types d'interfaces pour les disques durs : le SCSI et l'EIDE. Oui, mais...

Le graveur IDE fonctionne sur un port IDE, et le graveur SCSI sur un port SCSI : c'est du domaine du pléonasme, mais c'est important. Car le graveur IDE, qui est toujours piloté par un logiciel de gravure, est toujours géré par ce dernier à travers des commandes SCSI !

Or, le port IDE ne se gère pas comme une interface SCSI. C'est l'histoire de la gravure qui veut cela, tous les logiciels de gravure utilisent des commandes SCSI pour piloter les graveurs !

Voilà bien ce qui résume toutes les difficultés que vous pourrez rencontrer avec un graveur IDE : il lui faut des traducteurs SCSI/IDE ! Avant d'examiner cette facette particulière du graveur IDE, examinons les différences entre un port SCSI et un port IDE :

- Côté vitesse, les ports d'une carte SCSI sont à débit fixe (de 1 à 5 Mo par seconde environ), alors qu'un port IDE est divisé en deux emplacements pour périphériques. Ces deux ports sont dits maître et esclave, et le plus lent des deux périphériques installés est pris comme référence.

- Une carte SCSI présente sept possibilités de connexion, toutes identiques en capacité et pourtant différenciées. Une carte IDE offre uniquement deux ports.

- Le port SCSI comprend toute une batterie de fonctions d'arbitrage entre les périphériques, que le port IDE ne propose pas.

- Le port SCSI fonctionne avec des commandes. Ce sont ces commandes qui pilotent les graveurs. Le port IDE ne comprend pas les commandes SCSI, et pourtant le graveur IDE et ses logiciels ont, eux aussi, besoin de commandes SCSI !

Bigre ! Que déduire de tout cela ? Pour qu'un graveur IDE fonctionne, il faut que sa configuration sur le port IDE soit parfaite, et que ce même port IDE soit correctement géré en mode SCSI. Vu comme ça, c'est tout simple, non ?

En pratique, pour faire fonctionner un graveur IDE en mode SCSI, nous utiliserons donc un pilote traducteur qui répond au doux nom de pilote ASPI.

Pensez au BIOS

Un problème sur un graveur peut parfois provenir d'un BIOS trop ancien ou mal géré par l'un des pilotes ATAPI ou ASPI que nous allons décrire. N'hésitez donc jamais à vérifier que votre BIOS est bien le dernier mis à jour et, le cas échéant, à télécharger une nouvelle version.

Franchement, ça marche ? Oui, mais avec Nero, depuis très peu de temps ! Car, jusqu'à la version 5.0 de Nero, un seul fabricant de matériel fournissait des pilotes ASPI, c'était la société Adaptec. Et, comble de malchance, cette société éditait aussi un logiciel de gravure : résultat, on ne trouvait qu'un seul bon pilote ASPI sur le marché, celui d'Adaptec, éditeur d'Easy CD.

Il était donc interdit d'utiliser ce pilote sans Easy CD. Acheter un logiciel de gravure complet juste pour son pilote, reconnaissez que ça revient plutôt cher… Heureusement, grâce aux deniers dépensés par les premiers utilisateurs de

Nero, Ahead a rassemblé les fonds nécessaires pour mettre au point son propre pilote ASPI, présenté à l'occasion de la sortie de la version 5.0. Dur pour les utilisateurs des versions antérieures, mais bon pour les nouveaux.

L'ASPI Driver de Nero

Normalement, Nero installe son propre pilote ASPI automatiquement, sauf si un autre outil de gravure est déjà présent sur votre PC. Ce pilote ASPI est régulièrement mis à jour, et, en cas de mauvaise reconnaissance de votre graveur, il peut être bon de le réinstaller. Vous le téléchargerez dans la rubrique Download du site d'Ahead.

Figure 2.3 : L'ASPI Driver de Nero, assez peu convivial...

L'ASPI Driver de Nero manque singulièrement de convivialité en matière d'installation. Pour l'installer :

1. Commencez par le décompacter dans un répertoire.

2. Copiez le fichier WNASPI32.DLL dans le même répertoire que Nero (Program Files/Ahead/Nero).

3. Copiez le fichier NEROAPIX.VXD dans le répertoire Windows\System\IOSUBSYS.

4. Vous pouvez maintenant redémarrer votre ordinateur.

Nero et les graveurs USB et parallèles

USB est aussi une interface universelle, cette fois vraiment conçue pour la haute vitesse sur périphériques multimédias. On trouve désormais en USB des scanners, des caméras vidéo et des graveurs. Ça marche ? Non ! Tous les messages que j'ai reçus me décrivaient des difficultés insurmontables de configuration. Il semble que les problèmes se soient arrangés avec Windows 98 SE et Windows 2000, mais quand même !

Explication : le port USB est un port arbitré et surtout série. En d'autres termes, cohabitent sur une seule ligne plusieurs périphériques qui se partagent la bande passante. En cas de conflit, le bus USB peut donc stopper provisoirement la discussion avec un des périphériques. Le problème, c'est que le graveur, qui travaille par flux, ne supporte pas ces baisses de régime, voire une absence de données à graver. Ce qui n'est pas le cas d'une caméra ni d'un scanner, qui peuvent faire une pause pendant une action, sans dérouter de quelque manière que ce soit le système.

Rappelez-vous bien : une fois le processus de gravure lancé, vous ne devez jamais cesser d'alimenter le graveur en données, sinon, le CD-R sera raté, et perdu...

Bref, si vous avez craqué pour un graveur USB, sachez qu'il vous faut absolument un système d'exploitation parfaitement au point pour ce standard, et, surtout, qu'il est préférable que le graveur soit seul sur sa chaîne.

Quand le pilote ASPI ne suffit pas, c'est l'ATAPI !

Vous avez parfaitement configuré votre station, installé l'ASPI Driver de Nero et pourtant, catastrophe, ça ne marche toujours pas ? Ce n'est plus Nero qu'il faut alors mettre en cause, mais votre station de gravure !

En commençant par son pilote le plus important en matière de mémoire de masse sur bus IDE : le pilote ATAPI ! Quid ? Votre PC est équipé d'un logiciel de base : le BIOS. C'est ce BIOS qui assure le dialogue entre votre disque dur IDE et le système d'exploitation Windows. Seulement voilà : depuis qu'IDE existe, ce dispositif a considérablement évolué. Nous sommes passés à l'EIDE, puis au bus PCI, avec la notion de bus mastering, les disques sont devenus UDMA, 33, 66… Bref, BIOS et Windows ne sont pas forcément à jour sous cette avalanche de technologies. C'est donc un pilote spécifique, le gestionnaire ATAPI, qui se charge d'interfacer, dans les PC modernes, carte mère, disque dur et système d'exploitation.

Pour toucher du doigt l'importance de ce pilote ATAPI, sachez qu'une configuration de gravure fonctionne selon la méthode suivante :

1. Le logiciel de gravure envoie une commande en SCSI.

2. Le pilote ASPI reçoit cette commande SCSI et la transforme en une commande pour disque ou graveur IDE.

3. Le pilote ATAPI reçoit cette commande et la transmet au graveur.

Un mauvais pilote ATAPI peut jouer un rôle non négligeable dans un défaut de fonctionnement. Voici le témoignage de l'auteur du logiciel ATAINF :

"J'ai essayé de faire fonctionner mon logiciel sur le nouveau lecteur de CD-ROM Hexspeed et je me suis aperçu que ce lecteur était piloté comme un 2×. Or, il fonctionnait comme un 6× […] ! La vitesse maximale de fonctionnement décrite par mon logiciel d'analyse était de 353 Kbps, alors que le lecteur est censé fonctionner à 1 059 Kbps."

Vous comprendrez mieux, à la lecture de ces quelques lignes, l'importance d'un système parfaitement configuré, et d'un ensemble de pilotes ATAPI tout à fait au point. Inutile d'espérer copier de CD-ROM à graveur en temps réel si votre disque 40× fonctionne en réalité en mode 1× ou 2× !

Comment mettre à jour vos pilotes ATAPI

Les pilotes ATAPI sont théoriquement pris en charge par Windows 95, 98 et 98 SE. Ils ne relèvent jamais de Nero, et n'espérez aucune aide du côté de la société Ahead en cette matière !

En ce qui concerne le système, Windows, dans sa dernière version, 98 SE, propose un pilote ATAPI de qualité… mais générique. Et donc pas forcément idéal pour votre configuration.

Voilà pourquoi les fabricants de cartes mères proposent désormais en téléchargement leurs propres pilotes, parfaitement fonctionnels. Bien souvent, la simple installation de l'un de ces pilotes suffit à résoudre d'insurmontables problèmes de gravure ou de cohabitation entre un graveur et un lecteur de DVD ou de CD, par exemple.

Où trouver le site du fabricant de votre carte mère ?

Les fabricants de cartes mères sont bien souvent asiatiques ou américains. Pour localiser leur site, il vous faudra presque toujours utiliser le terme anglais *motherboard*.

Connectez-vous à **http://www.yahoo.com**, puis validez en tant que critère de recherche "motherboard" ou encore le nom du fabricant de votre carte mère.

Graveurs spécifiques

L'une des grandes forces de Nero 5.x — et c'est d'ailleurs probablement l'une des raisons qui vous ont motivé pour l'acheter —, c'est bien évidemment sa capacité à gérer des graveurs aux fonctions "spéciales". La plus connue d'entre elles est la capacité d'overburning, mais il y a aussi le CD-Text.

Avec Nero 5.5, la prise en compte de votre graveur est automatique, si celui-ci figure dans la liste indiquée sur la page Web **http://www.ahead.de/en/recorder.htm**. Nero doit donc reconnaître votre graveur avec toutes ses fonctions (y compris CD-Text et Overburning). Si tel n'est pas le cas, c'est probablement que votre appareil n'est pas à jour. Vous devrez modifier son firmware. La liste de tous les firmwares à jour est indiquée sur la page Web **http://www.ahead.de/en/firmware.htm**.

Si votre graveur est récent et que vous soyez équipé de Nero 5.x, il vous faudra probablement installer la dernière version de l'ASPI Driver de Nero, disponible sur la page Web **http://www.ahead.de/en/download.htm**.

Tous ces conseils sont valables pour le premier semestre 2001. Après cette date, et si vous changez de graveur, il

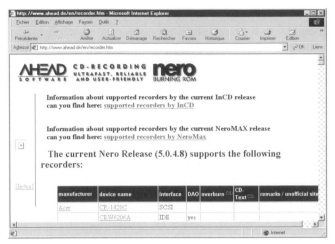

Figure 2.4 : Consultez le site Web d'Ahead pour vérifier la compatibilité de votre graveur.

vous faudra parfois réinstaller l'ASPI Driver, tant pour Nero 5.0 que pour Nero 5.5.

Nero 5.x et Windows 2000 et NT

Nero 5.x, à l'inverse des versions antérieures, est totalement intégré à Windows 2000. Tout au plus pouvez-vous vérifier, sur la page Web **http://www.ahead.de/en/download.htm** (téléchargez WNASPI32.DLL et copiez-le dans le répertoire de Nero), que le pilote Windows 2000 de Nero n'a pas été mis à jour.

Si les problèmes persistent, vérifiez votre configuration ATAPI, et les mises à jour de Windows 2000.

Prise en compte de la technologie Burnproof

Certains graveurs récents adoptent la technologie Burn-proof (lire encadré). Nero la gère dans sa version 5.5 et dans les dernières mises à jour de la version 5.0 (5.0.4.8 et supérieures). Normalement, si votre version de Nero est correcte, si votre matériel est répertorié par la société Ahead, et si vous avez installé le dernier ASPI Driver, le logiciel reconnaît automatiquement le graveur et gère le mode Burnproof.

À propos du mode Burnproof

Cette technologie est intégrée dans certains graveurs. Elle permet d'interrompre le flux de données et le laser, et de reprendre l'inscription là où elle s'était arrêtée (ce qui était jusqu'ici impossible avec la technologie de gravure classique). C'est une révolution en matière de gravure, car elle permet pour la première fois de graver des CD-R exactement comme lorsque vous inscrivez des données sur un disque dur. Il devient donc presque impossible de détruire des médias.

Nero et les lecteurs de CD-ROM

Après que votre version de Nero a reconnu votre graveur, il reste à vérifier que votre lecteur de CD-ROM est bien géré. Le bon fonctionnement et la parfaite reconnaissance du lecteur de CD-ROM par Nero sont essentiels ! En effet, vous utiliserez ce matériel dans de nombreuses circonstances, les deux plus importantes étant :

- la copie de disque ;

- l'extraction Digital Audio.

info

L'extraction Digital Audio

Ce n'est pas le logiciel qui garantit la possibilité d'extraire des données audio, mais le lecteur ou le graveur utilisés en lecteur. Pour récupérer une piste audio, il faut en effet que le lecteur de CD soit capable d'extraction Digital Audio. Cela paraît évident à première vue : si mon lecteur de CD-ROM sait lire des disques, il doit bien pouvoir enregistrer le contenu des pistes sur le disque dur ? Eh bien, non !

Le problème est que la puce du lecteur sait identifier une piste, mais pas son contenu numérique (les secteurs et les octets). Et le disque Digital Audio n'est pas muni d'un système de fichiers. Votre lecteur de CD-ROM est donc incapable de savoir où commencent les données sur le disque, et comment les extraire. Il sait dire au chip audio "lis la chanson de la piste 1", c'est tout.

Disons qu'à ce jour, tous les lecteurs commercialisés depuis trois ans sont compatibles extraction audio. Si le vôtre est plus ancien, un conseil, changez-le : un lecteur de CD-ROM actuel de moins de 45 euros (300 francs) sera plus performant !

Aujourd'hui, la question n'est plus celle de la compatibilité extraction, mais celle de la vitesse d'extraction.

Vous devez savoir qu'un extracteur 1× sauvegardera les pistes d'un CD audio sur votre disque dur à l'exacte vitesse où vous les entendez : en clair, un CD audio de 60 minutes mettra 60 minutes à arriver sur votre disque dur. Avec un lecteur extracteur 20×, en revanche, la même opération prendra moins de 3 minutes ! C'est un cas extrême, mais quand même... D'où l'intérêt d'une parfaite reconnaissance de votre lecteur de CD par Nero !

Réglage du lecteur de CD-ROM

Le but de cette opération consiste à identifier la capacité de votre lecteur de CD-ROM en termes de vitesse de lecture de données audio et informatiques. Les vitesses les plus compliquées à évaluer sont celles des extractions de pistes audio. Mal gérées, ces dernières peuvent produire des bruits de fond tels que des craquements (effet Jitter). Nero 5.0 vous permet de régler la vitesse de lecture de votre lecteur de CD-ROM pour éviter ce type d'erreurs (Nero 5.5 est légèrement différent sur ce point, nous le verrons plus loin).

Le fait de sélectionner une vitesse d'extraction adaptée permet à Nero de corriger les erreurs au fur et à mesure, et d'optimiser les lectures de données en relisant le secteur. Attention : le lecteur de CD ne fait pas tout ; la qualité du disque dur utilisé joue aussi un rôle prépondérant dans le bon fonctionnement de la correction de l'effet Jitter.

Pour trouver les différentes vitesses de lecture offertes par votre lecteur de CD-ROM, sélectionnez dans le menu Graveur ou Enregistreur de CD, selon les versions, l'option Autodétection de lecteur CD-ROM. Cette fonction de Nero va essayer d'identifier les différentes vitesses de lecture supportées par votre lecteur de CD-ROM et adapter la configuration par défaut du logiciel en fonction.

info

Les utilitaires d'Ahead

Ahead fournit un certain nombre d'outils complémentaires très pratiques pour Nero. Ils sont tous disponibles sur la page Web : **http://www.ahead.de/en/download.htm**.

Parmi eux, citons CDROM.CFG et CDROM.EXE, des bases de données régulièrement mises à jour de tous les lecteurs de CD supportés et de leur compatibilité, mais aussi Nero ASPI

Driver et Nero Boot Menu, dont nous avons déjà parlé. Nero ASPI Driver est un pilote ASPI totalement intégré à Nero, qui offre un support parfait de ces fonctions avec les graveurs IDE (à télécharger en premier, en cas d'erreurs de gravure à répétition) ; Boot Menu permet de choisir au démarrage de Windows entre Nero et un autre logiciel de gravure, ce qui évite les conflits (fréquents entre Nero et Easy CD ou WinOnCD).

Nero 5.5 et CD Speed

Nero 5.5 est livré avec un outil de test de lecteur de CD-ROM (fonctionnel aussi sur DVD-ROM), appelé CD Speed. Cet outil graphique très performant va procéder à des extractions sur un disque de test que vous aurez préalablement inséré dans le lecteur.

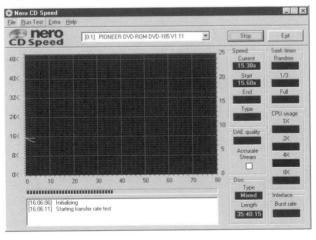

Figure 2.5 : CD Speed en action.

Pour lancer CD Speed, déroulez le menu Démarrer, le sous-menu Ahead Nero, Nero Kit, puis validez Nero CD Speed. Cliquez sur Start : l'utilitaire teste le lecteur à toutes les vitesses et affiche un résultat graphique.

En fin de test, vous obtiendrez une vitesse de lecture moyenne des données, ainsi qu'une vitesse d'extraction maximale. Vous devrez utiliser ces valeurs en mode Gravure de disque à disque, en gardant à l'esprit les règles suivantes :

- Pour graver en 2×, vous devez extraire au minimum en 4×, voire en 8×.

- Pour graver en 4×, vous devez extraire au minimum en 8×, voire en 12×.

- Pour graver en 8×, vous devez extraire au minimum en 16×, voire en 40×.

Signalons encore que vous pouvez tester diverses fonctions de votre lecteur depuis le menu Run Test : DAE Test évalue la vitesse d'extraction, et Transfert Rate la vitesse de lecture de pistes en mode CD-ROM.

Sachez pour finir que vous trouverez sur la page Web de téléchargement d'Ahead un utilitaire appelé CDRom Chk ainsi qu'une base de données de lecteurs de CD-ROM, qui vous permettront d'adapter précisément vos configurations selon les prescriptions des laboratoires d'évaluation de l'éditeur de Nero.

Chapitre 3

Modèles et rudiments d'interface

L'une des clés du succès de Nero 5 ? C'est sa remarquable richesse fonctionnelle. Par le passé, et dans les versions successives de Nero, cette richesse a souvent été masquée par une interface trop rudimentaire.

En regard d'autres outils tels que WinOnCD ou Easy CD, Nero était plus rustique jusqu'à la version 5. Auparavant, et notamment dans la version 4.0, Nero n'incorporait pas de modèles intelligents, vous aidant à réaliser toutes les opérations de la création du média jusqu'à sa gravure, par exemple à travers un menu.

De même, Nero ne proposait pas d'outils d'édition très élaborés pour créer un CD vidéo et son interface, ni d'outils de nettoyage d'une séquence audio extraite d'un disque vinyle. Ces lacunes ont d'ailleurs persisté jusqu'à Nero 5.0, et on peut dire que seul Nero 5.5 est un véritable logiciel de gravure de type intégré, comme le sont ses concurrents.

En matière de Super Video-CD par exemple, vous pourrez créer avec Nero 5.5 un CD vidéo dont la qualité sera exactement identique à celle d'un DVD, en utilisant la norme de compression haut de gamme, à savoir le MPEG-2 (la séquence gravée sera limitée à 30 minutes, quand même, ne rêvez pas !). Mais avec Nero 5.0, vous devrez créer cette même séquence avec un logiciel extérieur. Alors que, dans la version 5.5, la conversion est automatique, et réalisée directement à l'intérieur du logiciel.

Cela étant dit, examinons maintenant les principes de base de l'interface de Nero 5. A ce stade, un petit mot pour les utilisateurs expérimentés, qui ne trouveront aucun intérêt dans les lignes qui vont suivre, et peuvent sans hésiter passer au chapitre suivant !

Principes de base

Un logiciel de gravure digne de ce nom utilise toujours le même principe fonctionnel : des modèles prédéfinis permettent de choisir un type de disque à graver, par exemple un CD audio, un CD-ROM, ou encore un CD vidéo. Ces modèles vous fournissent un document de travail, le Layout. C'est sur ce document de travail que vous ferez glisser — ou que vous chargerez depuis le disque dur — des éléments, à savoir des séquences sonores (dans le cas d'un CD audio), des fichiers vidéo (dans le cas d'un CD vidéo), ou des fichiers informatiques (dans le cas d'un CD-ROM). Le modèle ne se contente pas d'organiser et de préparer le layout : il définit aussi des pistes, car, nous le

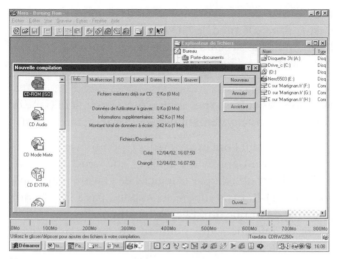

Figure 3.1 : L'interface de Nero, Burning Rom.

verrons dans le prochain chapitre, il est possible de graver un CD-R avec plusieurs types de pistes.

Ainsi, le modèle vous épargne une fastidieuse définition technique de types de pistes, ou l'organisation de ces pistes et de leur contenu. Nero, comme ses concurrents, n'échappe pas à cette règle d'organisation. Dans cet outil, la création d'un projet de disque suit donc toujours du même principe :

1. Lancez l'interface du logiciel, Burning Rom.

2. Choisissez un modèle.

3. Organisez le layout du modèle.

4. Gravez-le.

5. Eventuellement, sauvegardez-le sur le disque dur pour le réutiliser ultérieurement.

Il existe une seule exception à ce mode de fonctionnement, c'est la copie : le modèle CD Copy ne crée en effet aucun layout, puisque sa seule mission est de reproduire immédiatement, et à l'identique, le contenu d'un CD sur un CD-R.

Pour tous les autres types de gravure, la première étape de création consiste systématiquement à élaborer un layout.

Ce dernier inclut l'organisation des répertoires et des pistes tels qu'ils seront gravés sur le CD. Cette structure est virtuelle. Elle est utilisée par le logiciel de gravure pour construire le CD-R, mais elle ne correspond pas à la structure physique du disque dur. Elle est constituée d'entrées, c'est-à-dire de références qui pointent sur les "vrais" fichiers situés sur le disque dur.

Vous créerez donc votre CD-R en ouvrant un modèle qui produira automatiquement un layout.

Dans Nero, vous pouvez réaliser cette action dans deux circonstances :

- Lors du lancement du logiciel, une fenêtre s'affiche, vous présentant dans la colonne de gauche tous les modèles de disques que Nero sait graver. Il suffit de cliquer l'une des icônes pour créer un layout vierge.

- Il est aussi possible de demander à tout moment le réaffichage de cette fenêtre en déroulant le menu Fichier, sous-menu Nouveau.

Signalons que Nero 5 sait travailler sans difficultés avec plusieurs layouts différents simultanément. Rien ne vous empêche de travailler dans la Burning Rom avec un layout audio, un autre de CD vidéo, et un troisième de CD-ROM.

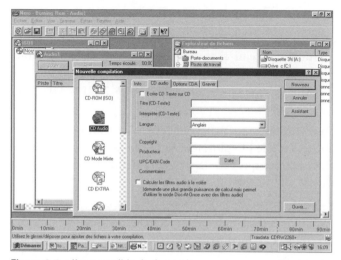

Figure 3.2 : Il est possible de demander un nouveau modèle à tout moment.

Une fois le layout ouvert, vous aurez à le remplir avec des fichiers ou des répertoires, et pour certains modèles particuliers, à compléter quelques options, *via* des interfaces spécifiques.

Vous avez lancé le logiciel, et vous êtes face à la fenêtre des modèles ? Validez CD-ROM. Vous observez maintenant à gauche le layout vierge de votre projet de disque et à droite, un explorateur qui pointe sur les disques durs et les mémoires de masse de votre PC. Pour remplir ce modèle avec des fichiers :

- Ajoutez-les par glisser-déposer en explorant votre disque dur. Vous pouvez faire glisser des répertoires entiers.

ou :

* Explorez le disque dur avec le menu contextuel
  (déroulez celui-ci au-dessus de la zone vierge du projet
  de CD en cliquant du bouton droit), option Ajouter un
  fichier. Avec ce même menu, vous pouvez créer des
  répertoires.

Vous constatez que le layout ressemble comme un frère à
une fenêtre de l'Explorateur de Windows (Net, 9X, Me). Il
représente ce que sera la structure des données contenues
dans le CD-ROM.

Une fois le layout terminé, vous pouvez l'enregistrer sur
disque en déroulant le menu Fichier, sous-menu Sauvegarder sous. Ce document n'est pas volumineux, puisqu'il
contient seulement des pointeurs vers les fichiers, et non les
fichiers eux-mêmes.

Il est possible de modifier le layout. Vous pourrez y ajouter
d'autres fichiers, ou des répertoires, et même en supprimer
(en validant leur entrée avec le curseur de la souris, et en
cliquant sur [Del]). Pour l'instant, le layout est totalement
virtuel, et les noms de ses entrées répondent au format de
votre système : Windows 9X, NT, 2000 ou Millennium.
Nous verrons plus loin dans cet ouvrage que nous pouvons
l'adapter à différents systèmes.

Si vous avez compris ce principe de modèles et de layouts,
vous maîtrisez toutes les fonctions de base de votre interface ! Quel que soit le modèle retenu, son principe d'utilisation sera toujours celui-là. Plutôt simple, Nero, non ?

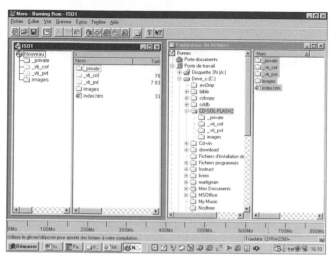

Figure 3.3 : Le layout rempli.

Les autres éléments de l'interface

L'interface Burning Rom contient quelques autres éléments. En bas de la fenêtre principale de Nero, une barre d'état est affichée. Celle-ci vous donne une idée de la taille de la compilation que vous êtes en train de créer (compilation CD-ROM, Audio, mode mixte, etc.), exprimée en mégaoctets.

Cette barre d'état est très intéressante et particulièrement conviviale, puisqu'elle permet de savoir d'un seul coup d'œil si votre compilation dépasse la capacité de votre CD.

Figure 3.4 : La barre d'occupation d'espace.

Figure 3.5 : La barre d'occupation d'espace s'adapte au type de disque gravé.

Sachez que la barre d'état s'adapte au type de CD que vous projetez de graver. Les données informatiques sont en général mesurées en mégaoctets, et les pistes audio en minutes.

La Figure 3.5 illustre une barre d'état de CD audio. Vous constatez que Nero a modifié automatiquement l'unité de mesure pour que la barre affiche des minutes.

Vous observez aussi que Nero affiche dans la barre d'état une ligne jaune verticale correspondant à un CD de 74 minutes (650 Mo) et une ligne rouge verticale correspondant à un CD de 75 minutes. Une compilation dont la taille se situe entre le trait jaune et le trait rouge peut donc théoriquement être gravée sur un CD.

Une compilation dont la taille dépasse le trait rouge est trop grande. Vous ne pourrez pas la graver sur un CD standard. Il faudra lui enlever quelques fichiers, en partant du principe que les CD vierges standard ont normalement une capacité totale de 650 Mo (c'est-à-dire de 74 minutes). Nous verrons néanmoins que Nero sait virtuellement créer des disques de 80 et même de 90 minutes… si votre graveur est compatible overburning !

Ces rudiments acquis, il est temps de passer à l'action ! Nous découvrirons, dans les chapitres de mise en pratique que nous allons maintenant aborder, qu'à chaque modèle correspondent un certain nombre d'options, et qu'il est possible de modifier ces options à travers des menus spécifiques. Mais nous n'en sommes pas encore là !

Chapitre 4

Graver des **CD-ROM** et des **DVD-ROM** pour **PC**

Qu'est-ce qu'un CD ? Le CD est un peu à l'industrie de l'électronique ce que fut l'électricité à nos appareils électriques : le courant est le même partout, mais il sert à tout ! Il est possible de lire un CD sur des lecteurs de salon, de PC, et même sur des machines de karaoké. Sans oublier quelques appareils en exemplaire unique, dont ni vous ni moi ne connaîtrons jamais l'existence.

Chacun de ces CD répond donc à une norme de contenu (son, image, données) et à une norme de contenant (le format du disque et ses principes chimiques, optiques et physiques). Toutes ces normes sont consignées dans des livres, nommés en fonction de la couleur de leur couverture. Ce sont les standards établis par les inventeurs des CD. Le livre fondateur est le Red Book, qui concerne les CD-DA ou Digital Audio, et que nous aborderons dans le chapitre suivant.

Les types de disques et leur structure

En ce qui concerne la gravure de disques lisibles sur PC, appelés les CD-ROM (ou dans le cas de la gravure, des CD-R de type CD-ROM), c'est un second livre, le Yellow Book, qui définit la norme. Nero exploite les définitions de ce livre pour ses modèles de CD-ROM. Explorons-les pour bien comprendre ce que nous allons graver.

Le Yellow Book

Le Yellow Book décrit le format physique (en reprenant les spécifications du Red Book) d'un CD destiné à contenir des données, ainsi que son format logique (l'organisation des pistes). Il définit un format de pistes prévues spécifiquement pour la conservation de données informatiques. Ce sont les **pistes de mode 1** (les menus de modèles de Nero vous proposent ce choix, voir Figure 4.1) : ces pistes ont pour particularité de contenir un secteur de 2 048 octets de données, associé à 464 octets utilisés pour un dispositif de correction d'erreur.

En pratique, ces 464 octets contiennent le résultat d'une formule de calcul appliquée sur les 2 048 premiers octets. Lors de la relecture des données, par exemple lorsque vous insérez le disque d'une application dans votre lecteur de CD-ROM, la formule est à nouveau appliquée pour vérifier que ce qui est lu correspond à ce qui a été gravé (une multitude d'incidents peuvent altérer une donnée : rayure, station au soleil…). Si la formule génère les mêmes 464 octets que ceux contenus dans le disque, dans la zone du dispositif de correction d'erreur, tout va bien, les données sont intègres.

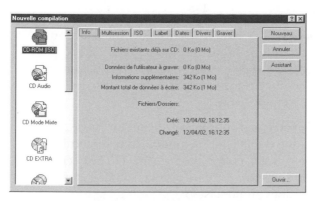

Figure 4.1 : Le menu de Nero qui donne accès aux options de création des CD-ROM.

Si le résultat est différent, c'est que le secteur du CD-ROM contient de mauvaises informations, et d'autres formules mathématiques sont alors capables de les corriger en extrapolant d'après les deux zones une suite correcte. Tout ce merveilleux travail est réalisé par des processeurs installés dans le lecteur de CD-ROM. Ouf ! Vous avez compris, c'est plutôt compliqué. Non seulement pour nos cerveaux, mais aussi pour les lecteurs de CD qui perdent beaucoup de temps à réaliser ces opérations.

CD-ROM en mode 2 : l'ajout du XA

Ce problème est devenu crucial à la fin des années 80, avec l'arrivée des CD-ROM contenant de la vidéo, des animations et divers types de fichiers peu sensibles à la présence d'un octet erroné (un pixel dans une image, ce n'est rien). Ces CD ont surtout besoin de toutes les ressources disponibles pour transférer des informations le plus rapidement possible (c'est le cas des jeux, notamment). Philips et Sony ont donc ajouté une option au Yellow Book : la norme XA.

Cette norme était conçue à l'origine pour synchroniser des sons lus sur une piste en mode Audio, avec un programme informatique lu en mode 1. Grâce au XA, l'objectif est atteint : une piste de CD peut contenir des données numériques — du son, mais aussi des vidéos — lues très rapidement.

Pour y parvenir, la norme XA définit un nouveau type de piste informatique, dit **de mode 2**, sans protocole de correction d'erreur, et avec des secteurs de 2 324 octets. Voilà donc la différence entre les pistes en mode 1 et en mode 2 XA que nous propose Nero.

Graver des pistes informatiques en mode 2 produit une lecture 20 % plus rapide et fait gagner 20 % d'espace, mais supprime la correction d'erreur. Inutile de vous dire qu'aujourd'hui, les lecteurs sont tellement fiables que tout le monde, ou presque, peut graver en mode 2 et ainsi gagner de la place et des performances !

Signalons que le mode 2 ne se contente pas de modifier la structure d'une piste : il introduit aussi le concept de mode multisession. Avant la norme XA, une fois gravé, un disque était fermé, et rien ne pouvait être ajouté ultérieurement. Ce qui était dommage, puisque après tout, un disque de 640 Mo partiellement gravé peut encore recevoir des données. Le mode multisession XA vous laisse donc la possibilité d'ouvrir ou de fermer votre gravure, pour éventuellement ajouter des données par la suite.

⊕ *définition*

Le principe des sessions

Un CD-ROM peut être divisé en sessions qui correspondent à des divisions physiques du disque. Un peu comme la partition d'un disque dur en plusieurs lecteurs (C:, D:, etc.) avec l'outil FDISK.

Chaque session contiendra son propre ensemble de pistes et chaque CD peut contenir plusieurs sessions. Lorsqu'un CD est divisé en plusieurs sessions, ces dernières sont en général totalement invisibles pour l'utilisateur, car toutes les données qui les référencent (les noms de fichiers contenus dans les sessions, par exemple) sont regroupées. En clair, le CD est divisé, mais les pointeurs vers les pistes ou les données sont regroupés.

Les formats de pistes

Nous pourrons donc caractériser un CD-R pour PC gravé avec Nero par les choix suivants :

- pistes au format 1 ou 2 XA ;

- le cas échéant, mixage de pistes en modes 1 et 2 avec une piste en mode DA (Digital Audio) ;

- fermeture ou non du disque pour utiliser le mode multisession.

Ces choix sont proposés dans l'onglet ISO du modèle choisi : en haut à droite, vous cocherez Piste en mode 1 ou Piste en mode XA.

Selon que vous souhaiterez fermer ou non le CD-R en vue d'un ajout de session ultérieure, c'est dans l'onglet Graver que vous validerez cette option en cochant ou non la case Finaliser le CD.

Le système de fichiers

Tout ce que nous venons de décrire concerne uniquement le format des pistes et le mode d'enregistrement des données. Reste maintenant à donner un peu d'intelligence à cet

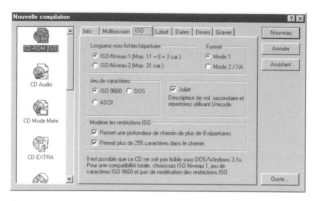

Figure 4.2 : L'onglet ISO.

Figure 4.3 : La fermeture d'un disque est demandée depuis l'onglet Graver.

ensemble en y ajoutant un système de gestion de fichiers. Quid ?

Le système de fichiers d'un matériel de stockage, c'est le dispositif d'organisation et d'accès aux données qu'il contient (programmes, fichiers, etc. : du .exe au .doc, en passant par le .wav). Tous les disques durs, les lecteurs de disquettes et jusqu'aux périphériques de sauvegarde à bandes sont munis d'un système de fichiers.

Votre CD-R rempli de fichiers ne fait pas exception à cette règle : il contient une piste de base, qui sera forcément organisée avec un système de fichiers, exactement comme le serait un disque dur. Avec des répertoires structurés en arborescence, qui contiennent d'autres répertoires ou des fichiers. Il faudra donc que Nero sache gérer et créer tous les systèmes de fichiers utilisables sur un CD-R (c'est le cas), et que vous soyez capable de déterminer quel système de fichiers exploiter dans votre disque.

Présentation !

Les CD sous Windows, MS-DOS

Les CD sous Windows répondent à plusieurs normes, qui suivent l'évolution historique du système : cette évolution part des premiers lecteurs de CD-ROM installés sur PC, à l'époque du MS-DOS 3.x. Ces disques préhistoriques fonctionnent avec une interface archaïque, l'ISO.

ISO 9660

Le format ISO 9660 est l'un des formats standard d'organisation de fichiers. Il est souvent appelé format High Sierra, du nom de ses concepteurs. Le format ISO 9660 limite la taille des noms de fichiers à celle que l'on trouvait sur les anciennes versions de Windows ou de MS-DOS : sept caractères, un point et une extension de trois caractères (xxxxxxx.yyy).

ISO 9660 adapté pour MS-DOS

Vous pourrez choisir de substituer à une structure de fichiers de type ISO 9660, une structure de type MS-DOS. Vous bénéficierez dans ce cas des quelques possibilités supplémentaires du format MS-DOS, à savoir l'utilisation des caractères tels que &, +, $ dans les noms de fichiers, et plus de huit niveaux de répertoires.

Tous les modèles de CD-R à données informatiques de Nero (à l'exception du modèle UDF, sur lequel nous reviendrons, et qui est un modèle d'avenir) sont prévus en standard pour graver au minimum un système de fichiers compatible ISO 9660. Il suffit donc de choisir un modèle CD-ROM ISO, mais aussi Mixte, Extra ou Hybride, pour que Nero propose automatiquement l'onglet ISO.

Le Joliet de Windows 95, 98, NT...

Une troisième possibilité de structure de fichiers existe depuis l'avènement de Windows 95 : c'est la norme Joliet. Ce système de fichiers, qui reste en vigueur sur toutes les versions successives du système, de Windows 98 à Windows XP, en passant par NT et autres 2000, est beaucoup plus sophistiqué que l'ISO. Il autorise des noms de fichier et de dossier longs de 256 caractères (par exemple, *le texte que je vous envoie.doc*, au lieu de *texte.doc*).

Avec la norme Joliet, pour rester compatible avec les noms DOS standard (une disquette Joliet formatée sur un PC équipé de Windows 95 reste lisible avec un PC équipé d'une ancienne version de MS-DOS, ou de Windows 3.x), la structure de base des noms de fichiers reste la même grâce à une astuce. Lorsqu'un nom de fichier dépasse huit caractères, le symbole tilde (~), suivi d'un numéro, est ajouté après la sixième lettre, et le reste du texte est stocké dans une nouvelle zone définie par la norme. Ainsi, le nom de fichier Lettre à envoyer.doc est décomposé en : Lettre~1.doc, avec le reste du texte stocké plus loin sous la forme : à envoyer.doc.

Cette "passerelle" est intégralement gérée par Nero, qui ajoute une structure ISO à tous les CD, y compris ceux en mode Joliet.

Une précision : pour rendre ce nouveau format de nom compatible avec les structures de fichiers des CD-ROM, Microsoft a mis au point une extension Joliet du standard ISO 9660. Avec cette extension, vos CD-R peuvent contenir des fichiers dont le nom atteint une longueur de 64 caractères. Ces CD d'un nouveau genre demeurent théoriquement compatibles avec les anciennes versions de MS-DOS.

Pour créer un CD-R compatible Joliet avec Nero 5.0et 5.5, vous utiliserez n'importe quel modèle (Boot, Hybride), et vous cocherez dans l'onglet ISO la case Joliet.

Attention : certaines versions de Windows NT (3.51, 1057) ne savent pas lire les CD-R à la norme Joliet. Aucun problème en revanche avec les versions NT 4.0, 5, 2000 et suivantes.

Le format UDF

Les standards absolus sur PC sont l'ISO et le Joliet : avec ces deux normes d'organisation de fichiers, il est possible de créer toutes sortes de CD avec Nero, y compris des disques lisibles sous Linux (format ISO 9660 standard) ! Néanmoins, les technologies évoluent, et de nouveaux besoins apparaissent.

Un nouveau système, le gestionnaire de fichiers UDF a ainsi été développé pour répondre aux besoins des graveurs réinscriptibles (les disques CD-RW auxquels nous consacrerons un chapitre entier) et surtout, des disques DVD et DVD-ROM. Pour la famille DVD en effet, le système ISO ne peut pas être utilisé. Fichiers de grande taille, noms longs, il fallait moderniser un peu tout cela, et par ailleurs, anticiper l'existence probable dans l'avenir d'une norme de DVD-RW.

Nero 5.0 et 5.5 sont donc capables de graver des CD-R en adoptant les formats UDF et UDF Bridge (qui mixent des systèmes de fichiers ISO 9660 et UDF). Le système de fichiers UDF peut être écrit sous Windows 98 et sous Windows 2000 sans aucun pilote spécial. Par ailleurs, Windows 98 et Windows 2000 pourront lire le système de fichiers UDF si des données UDF et ISO se trouvent sur le CD. Demain, il suffira de faire piloter un graveur de DVD-R par Nero et de demander une gravure avec le modèle UDF ou UDF Bridge pour créer un DVD-ROM, un DVD-R vidéo ou audio.

Le format HFS

Le format HFS est le système d'organisation des fichiers des Macintosh. Nero 5.x est l'un des rares logiciels sur PC qui vous permet de graver des CD contenant uniquement des données HFS ou encore des données mixtes HFS et ISO 9660 (c'est le concept de disque "pont" qui peut être lu aussi bien sur PC que sur Mac). Ces disques sont très utiles lorsqu'il s'agit de créer des applications fonctionnelles sur Mac et PC, par exemple des CD Flash, ou encore des CD conçus avec des outils auteurs tels que Macromedia Director.

Pour créer un disque compatible avec le format HFS des Macintosh sur Nero 5, vous utiliserez le modèle Hybride, qui crée un disque compatible Mac HFS et PC ISO, ou uniquement HFS.

Les modèles de Nero en matière de CD-ROM

Arrivés ici, nous savons que Nero 5.x nous permet de créer quasiment tous les types de CD-ROM. Et qu'il est capable de mettre en œuvre tous les systèmes de fichiers et tous les types de pistes.

Sachez qu'il n'existe pratiquement aucune différence entre Nero 5.0 et Nero 5.5 en matière de modèles de CD-R pour PC ou Macintosh. Ce logiciel permet de créer :

- des CD-ROM ISO ou Joliet, pour les systèmes de la série Windows et les anciens DOS ;

- des CD-ROM, et demain des DVD-ROM, avec le système UDF/ISO.

Avec ces deux modèles, Nero gère par ailleurs tous les formats de pistes des CD-ROM prévus par le Yellow Book, à savoir le mode 1 et le mode 2, et le système des sessions XA.

Il propose également un mode mixte, qui permet de faire cohabiter sur un CD-ROM des données informatiques et des pistes audio (lisibles sur un lecteur de salon).

A ces options classiques, qui permettent déjà de créer n'importe quel type de disque compatible avec toutes les générations de PC, Nero ajoute trois modèles que l'on trouve difficilement ailleurs :

- un modèle de disque Hybride, compatible avec les Macintosh (système d'organisation de fichiers HFS) et les PC (système ISO ou Joliet) ;

- un modèle de disque bootable pour PC, qui permet de démarrer un ordinateur directement depuis un lecteur de CD-ROM (eh oui, ça existe !) ;

- un modèle UDF et un autre UDF/ISO qui ouvre une porte vers la création de DVD-ROM et de DVD vidéo.

Créer des CD-ROM PC

La création de toutes ces catégories de CD-ROM est plutôt simple : elle se résume à l'utilisation d'un modèle, à sa configuration, puis à la création de son contenu.

Créer un CD-ROM classique

Pour créer un CD-ROM, vous procéderez donc toujours de la façon suivante :

1. Lancez le logiciel.

2. Dans la fenêtre Nouvelle compilation, cochez un nom de modèle, ici CD-ROM ISO.

3. Dans la fenêtre correspondant à l'onglet ISO, cochez les options relatives à l'organisation des pistes (Mode 1 ou Mode 2 XA), et au système de fichiers (ici Joliet, l'ISO étant toujours présent "au minimum").

4. Validez le modèle en cliquant sur Nouveau, ce qui conduit à l'affichage d'une fenêtre vide, dite fenêtre de layout.

5. Faites glisser dans cette fenêtre de gauche, vierge, le contenu de votre disque en explorant le disque dur avec la fenêtre de droite.

6. Gravez le disque en déroulant le menu Fichier, option Graver l'image. Dans cette dernière fenêtre, vous pourrez choisir de simuler l'écriture, pour éviter les erreurs, vous choisirez votre vitesse de gravure et vous demanderez éventuellement une vérification de présence de virus (uniquement avec Nero 5.5).

Sachez que le mode Disc-At-Once sera proposé seulement si votre graveur est capable d'inscrire avec ce mode, et s'il est correctement reconnu par Nero.

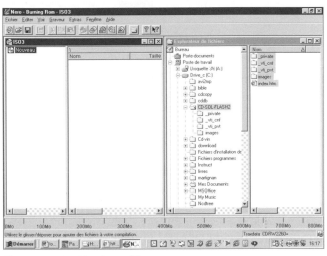

Figure 4.4 : Validez le modèle.

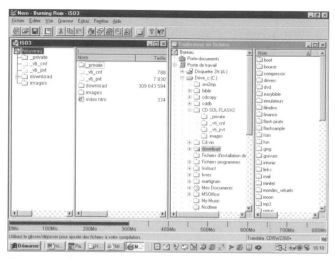

Figure 4.5 : Construisez votre projet de disque avec le layout.

Créer un CD multisession

Vous avez remarqué dans la fenêtre correspondant à l'onglet Graver, qu'il vous est aussi possible de choisir de finaliser le CD, c'est-à-dire de rendre l'écriture ultérieure impossible.

Lorsque vous cochez cette case, votre CD-R est fermé : vous ne pourrez lui ajouter aucune donnée par la suite. Ce qui est dommage, si vous gravez seulement sur une partie du disque. Vous pouvez en revanche créer un CD avec session ouverte, et réutiliser celui-ci ultérieurement pour le compléter, voire le modifier !

En pratique, voici comment créer un nouveau disque "ouvert" pour accueillir des sessions ultérieures :

1. Choisissez un modèle de type CD-ROM ISO.

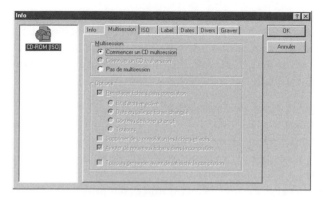

Figure 4.6 : Le choix Multisession.

2. Validez l'option Commencer un CD multisession de l'onglet Multisession.

3. Créez votre layout, gravez sans cocher la case Finaliser le CD.

Une fois gravé, votre disque peut être lu sur tous les lecteurs de CD-ROM. Pour le compléter ultérieurement, et ajouter une nouvelle session, vous aurez le choix entre ces deux possibilités :

- Reprenez le layout original et ajoutez-lui de nouvelles données.

  ou

- Créez un nouveau layout, en validant cette fois l'option Continuer un CD multisession de l'onglet Multisession.

L'ajout d'une nouvelle session nous permet de remplacer d'anciens fichiers par des versions corrigées, portant le même nom. Cela nous donne aussi tout loisir d'ajouter de nouveaux fichiers et de nouvelles structures de répertoires.

Dans les deux cas, Nero gérera automatiquement l'ajout des données et la réorganisation des répertoires. Nous parlons ici de la création d'une nouvelle table de répertoires, et d'un ajout de fichier, qui exploite la zone du CD-R non gravée pendant les précédentes sessions.

Imaginez que, dans votre nouvelle session, vous deviez graver à nouveau un fichier données.dat, pour remplacer un ancien fichier du même nom. Nero ne remplacera pas l'un par l'autre : il gravera la nouvelle version dans la nouvelle session, et demandera à sa nouvelle table de fichiers de pointer sur le dernier fichier données.dat gravé. Clair ?

Vous pouvez activer ces options de remplacement et de génération dans la menu Multisession, en cochant ou non les diverses options : si vous cochez Contenu de fichier changé, Nero gravera une nouvelle fois, et automatiquement, les fichiers contenus dans le disque dur qui diffèrent de leur réplique sur la première session du CD-R.

Si vous avez repris un modèle de disque existant, la case Continuer un CD multisession sera cochée par défaut. Il vous suffira de faire glisser vos nouveaux fichiers, puis de lancer la gravure pour que la nouvelle session soit créée et mise à jour.

Ajouter une session à un disque existant

Dans le cas contraire, et pour ajouter à un disque de nouvelles données, voici la procédure à suivre.

Insérez le disque à modifier dans le graveur. Sélectionnez un nouveau modèle, dans la menu Fichier, option Nouveau et validez l'option Continuer un CD multisession.

Nero affiche la liste des sessions déjà gravées. Sélectionnez la dernière. Ajoutez vos fichiers dans la fenêtre correspondant à la session (voir Figure 4.8).

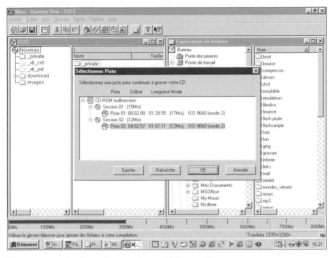

Figure 4.7 : La liste des sessions déjà gravées.

Si les fichiers apparaissent en noir, cela signifie qu'ils ont été modifiés ou ajoutés sur votre disque dur, depuis votre dernière session. Ils vont donc être maintenant gravés sur votre CD.

Si les fichiers sont grisés, cela signifie qu'ils existent déjà sur votre CD et que, depuis votre dernière session, ils n'ont pas été modifiés sur le disque dur. Nero ne les gravera donc pas une nouvelle fois sur votre CD. Il se contentera de graver une nouvelle fois les références de ces fichiers déjà gravés dans le nouveau répertoire de votre nouvelle session.

Figure 4.8 : L'ajout de fichiers à un disque déjà gravé.

Déroulez maintenant le menu Fichier, sous-menu Graver le CD. Cochez vos options dans l'onglet Multisession, et cliquez sur Ecrire !

Les modèles de Nero en matière de DVD-ROM

Lorsqu'il est associé à un graveur de DVD-R, Nero est virtuellement capable de graver sur un média DVD n'importe lequel de ses formats. En pratique, c'est plutôt le modèle UDF que nous utiliserons dans ce cas de figure. Les DVD-ROM de nos PC sont en effet compatibles avec cette norme, au même titre que les CD-ROM sont ISO Mode 1 ou Mode 2 XA.

Pas de soucis avec le modèle UDF : vous l'activez (pas de type de piste ou de format de structure de fichier à choisir, ils sont fixés par la norme UDF), vous faites glisser vos fichiers sur le projet, et vous gravez !

Chapitre 5

Graver différentes sortes de CD

Nero 5.x propose quelques modèles de CD-ROM que l'on ne retrouve dans quasiment aucun autre logiciel de gravure. C'est le cas des modèles de disques bootables (ou d'amorçage, en français) et des modèles pour Macintosh, qu'il est habituellement si difficile de graver sur PC.

Exploration de ces possibilités.

Créer un CD bootable

En commençant par le modèle qui nous aidera à créer des CD bootables. Quid ? Tous les ordinateurs ont besoin, pour démarrer, d'un système d'exploitation. Ce dernier est le plus souvent chargé depuis un disque dur ou bien, dans les cas critiques, depuis une disquette.

Mais il existe aussi une possibilité méconnue de chargement du système passant par le biais d'un CD-ROM. On parle alors d'un CD-ROM d'amorçage, ou bootable. Il s'agit d'un principe séduisant, développé par deux ingénieurs du fabricant de BIOS Phœnix, et appelé norme El Torito. Cette norme permet d'insérer au démarrage un CD-ROM dans le lecteur de CD, et de démarrer non plus depuis le lecteur de disquettes ou le disque dur, mais directement depuis le CD.

Faut-il un appareillage spécial ? Non, un PC est capable de charger depuis un CD El Torito, si son BIOS est compatible avec cette norme (il peut s'agir du BIOS du PC ou de celui de la carte SCSI). Tous les PC commercialisés ces deux dernières années sont compatibles, lorsque leur BIOS offre l'option Booter d'abord sur CD-ROM.

Quand le problème vient du système...

L'appareillage ne pose pas de problème, mais côté système ? Pour amorcer, il faut un dispositif d'amorçage, exactement identique à celui que contient, par exemple, le disque dur de votre PC. Ici, tout se complique. Tous les systèmes, loin s'en faut, ne peuvent être chargés à partir d'un CD.

C'est le cas, en particulier, de Windows 95, 98, Me ou de NT, qui écrivent sur le support d'amorçage. Sachant qu'écrire sur un CD-R est totalement impossible hors du processus de gravure, on comprend immédiatement que ces deux systèmes ne seront jamais compatibles El Torito, et qu'ils ne pourront jamais être chargés depuis un CD. Résultat ? Seuls des systèmes qui n'écrivent pas sur la portion d'amorçage, tels MS-DOS (y compris les modules DOS de Windows) ou encore la plupart des systèmes Linux peuvent gérer des CD bootables.

Quel CD bootable pour quel usage ?

Dans tous les cas, vous pourrez uniquement créer un CD d'amorçage à la norme DOS, et en aucun cas booter directement Windows sous sa forme installée depuis un CD. Il est possible de créer trois types de CD bootables :

- **Un disque dit d'émulation disquette.** Une disquette bootable est prise comme modèle pour la création d'un CD bootable. Lors du démarrage de l'ordinateur, le CD se comportera comme une disquette. Vous accéderez alors à votre lecteur de disquettes A: par la lettre B:. Votre périphérique B: sera quant à lui accessible par la lettre C:, etc. Sachez que, malheureusement, avec ce type de disque, la taille des données gravées sur le CD ne doit pas dépasser celle d'une disquette (c'est-à-dire 1,44 Mo).

- **Emulation disque dur.** Un disque dur bootable est pris comme modèle pour la création d'un CD bootable. Lors du démarrage de l'ordinateur, le CD se comportera comme le disque dur C:. Vous accéderez alors à votre disque dur C: par la lettre D:. Votre périphérique D: sera quant à lui accessible par la lettre E:, etc. **Vous ne pouvez pas graver un disque dur bootable utilisant un système qui écrit sur le média sur lequel il est installé : c'est le cas de tous les Windows.**

- **Pas d'émulation.** Cette fonction est réservée aux utilisateurs chevronnés qui veulent programmer leur propre dispositif d'amorce. Soit un minisystème d'exploitation qui prendrait lui-même en charge tous les appareillages et matériels de l'ordinateur (écran, disque dur, clavier…). Cette technique est utilisée sur des CD-ROM du système Linux, autoamorcés. Autant dire que si vous savez concevoir ce type d'amorce, vous n'avez besoin ni de cet ouvrage ni de mes services...

Arrivé ici, vous connaissez les types de disques que Nero sait créer, et vous savez que le système d'amorce utilisé ne peut en aucun cas être de la famille Windows : vous avez donc encore du choix ! Linux ou MS-DOS (y compris la version 6.x qui est utilisée par Windows 9X pour formater des disquettes de démarrage)...

Partant de là, à vous d'imaginer quelles applications vous pourrez créer. DOS est plutôt riche en applications, malgré sa relative obsolescence. Un CD bootable DOS pourrait très bien faire entrer une station sur un réseau local, procéder à une sauvegarde, à un transfert de fichiers, ou à toute autre forme de procédure automatisée.

Concrètement

Pour créer un CD bootable à la norme Joliet avec Nero 5, la procédure est la suivante.

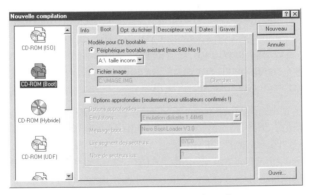

Figure 5.1 : Cliquez sur l'icône CD-ROM (Boot).

Cliquez sur l'icône CD-ROM (Boot) [voir Figure 5.1] dans la fenêtre de dialogue Nouvelle compilation qui s'ouvre au démarrage de Nero. Validez Emulation disquette, et laissez les autres champs intacts. Dans la partie supérieure de la feuille de propriétés, choisissez le modèle de création du CD bootable, un périphérique bootable existant (le lecteur de disquettes A:, par exemple, dans lequel sera inséré un disque bootable Windows) ou un fichier image. Lorsque les périphériques bootables ne sont pas affichés (par exemple un disque dur C:), cela signifie qu'ils possèdent une capacité plus importante que celle d'un CD (soit plus de 640 Mo). Vous ne pouvez donc pas créer un CD bootable à partir de ces périphériques.

La partie inférieure de la feuille de propriétés comprend des options approfondies pour la création d'un CD bootable

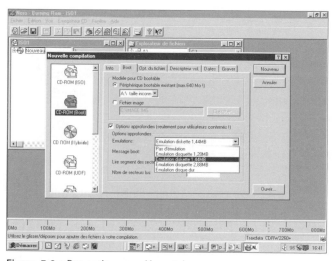

Figure 5.2 : Des options supplémentaires.

(voir Figure 5.2) selon les normes El Torito. Ces dernières apparaissent grisées si vous voulez vous servir d'un périphérique déjà existant. En effet, Nero sélectionne automatiquement les options appropriées à votre place. Cependant, si vous choisissez de créer un fichier image, vous devrez sélectionner les options.

Si les fichiers qui seront gravés sur le CD répondent à la norme Joliet, cliquez sur l'onglet Option du fichier et cochez Joliet.

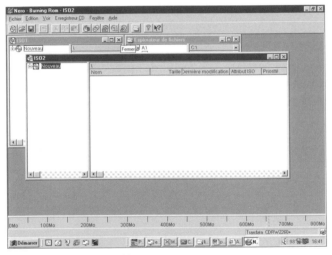

Figure 5.3 : Validez par Nouveau.

Vous pouvez désormais cliquer sur Nouveau pour confirmer vos sélections. Une fenêtre de layout vide s'ouvre alors. Le layout est une fenêtre qui matérialise le contenu du CD bootable. Au moyen de la fonction glisser-déposer, vous allez faire glisser les futurs fichiers de votre CD bootable

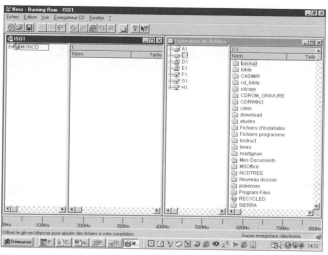

Figure 5.4 : Donnez un nom à votre compilation.

depuis l'Explorateur de fichiers (fenêtre de droite), vers la
fenêtre de gauche (le layout, ou projet). Sauvegardez le
modèle ainsi créé.

Nero vous demande le nom de la compilation dans la zone
Nom de fichier de la boîte de dialogue. Remplissez ce
champ, et cliquez ensuite sur le bouton Enregistrer. Ouvrez
maintenant la boîte de dialogue Ecriture en cliquant sur
l'icône Ecriture de CD de la barre d'outils.

Vous pouvez maintenant confirmer vos sélections (voir
Figure 5.5) en cliquant sur le bouton Ecrire. Toutes les étapes sélectionnées s'enchaîneront en séquences jusqu'au
processus final d'écriture. Une fenêtre d'état affiche la liste
de toutes les étapes en cours de traitement. A la fin du processus, le message "Le processus de gravure s'est terminé
avec succès à 2× (300 Ko/s)" s'affiche et le CD est éjecté.

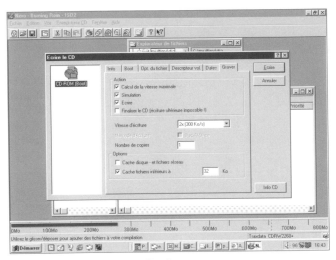

Figure 5.5 : Confirmez vos sélections.

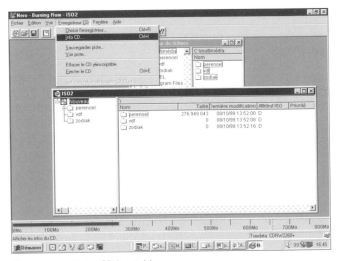

Figure 5.6 : Votre CD bootable.

Il ne vous reste plus qu'à insérer votre nouveau CD pour vérifier qu'il a été correctement écrit, en cliquant sur l'icône Infos CD. Attention, lorsque vous démarrez votre PC, vous devrez changer depuis le BIOS la séquence de boot. Vous remplacerez la ligne A puis C par CD-ROM puis A puis C. Si vous êtes équipé d'une carte SCSI, vous réaliserez cette manipulation dans la menu du BIOS de la carte.

Votre PC est-il compatible ?

Créer un CD bootable, c'est facile, mais pour le booter depuis son lecteur de CD-ROM de PC, ça marche comment ? Bonne question ! Le Mac est bien plus favorisé que le PC en ce domaine, puisqu'il prévoit depuis toujours cette possibilité de Démarrage depuis un lecteur de CD-ROM. Dans le cas des PC, ce n'est pas du tout le cas : la fonction Boot sur CD-ROM est implantée depuis les années 97-98, au mieux...

Comment savoir si votre PC est compatible ? Dans le cas d'un PC à disque dur IDE ou SCSI implanté sur la carte mère, en entrant dans le BIOS et en observant les séquences de boot : ces dernières doivent offrir l'option CD-ROM en plus des classiques A et C. Si vous disposez d'un disque SCSI sur carte externe, même manipulation, mais cette fois avec le BIOS de la carte SCSI.

Graver des CD pour Macintosh

Après avoir passé en revue les CD d'amorçage, examinons maintenant la seconde possibilité quelque peu hors norme de Nero en matière de gravure : sa capacité à créer des disques pour Macintosh, exploitant des partitions HFS depuis un PC. La principale difficulté dans ce genre d'application est la différence importante qui existe entre les deux modes d'organisation de fichiers des Mac et des PC : il n'existe aucune passerelle au sein des systèmes d'organisation Joliet, ISO (PC) et HFS (Mac).

Créer un CD HFS

Pour créer des disques totalement compatibles HFS Mac, reprenant les icônes de dossiers, leurs attributs, depuis un PC avec Nero, vous aurez besoin d'une configuration PC équipée d'un disque dur SCSI formaté HFS ! Vous pourrez toujours graver un disque HFS en utilisant une partition Joliet de Windows : Nero réalisera effectivement la transcription, le disque sera lisible sur Mac, mais tous les attributs du système seront absents.

C'est une situation à laquelle Nero ne peut rien, mais qui provoque quelques situations grotesques. Vous pouvez par exemple utiliser le logiciel Flash 5 PC pour créer à la fois une visionneuse PC et une visionneuse Mac, vous pouvez faire cohabiter les deux applications sur un même CD gravé en mode mixte HFS ISO… mais il vous faudra rétablir l'application Flash depuis un Mac pour que celle-ci soit lisible et reconnue par le système Mac OS de cet ordinateur.

Donc, pour graver sur PC un disque HFS Mac avec Nero, il faut disposer d'un Mac ? Je suis un peu de mauvaise foi, mais c'est presque ça ! N'exagérons rien : cette fonction ouvre tout de même un vaste champ d'action, ne serait-ce qu'en matière d'échange de fichiers entre les univers Mac et PC.

Fort de ces explications, et ayant admis ces limitations, vous graverez deux types de disques Mac sur votre PC équipé de Nero :

- de vrais disques HFS, si votre machine est équipée d'un disque dur SCSI formaté en HFS ;

- des disques hybrides ISO et HFS dans tous les autres cas.

En pratique : un **CD HFS** gravé sur **PC** avec un disque dur **HFS**

Première étape, vous assurer qu'un disque dur à contenu HFS est relié à votre ordinateur par sa prise SCSI et allumé, avant que vous ne démarriez votre PC. Sans ce disque, les commandes présentées dans les lignes qui suivent n'apparaîtront pas, ou seront grisées et inaccessibles.

Pour graver un CD HFS, sélectionnez la commande Graver partition HFS du menu Fichier.

- Une boîte de dialogue s'ouvre proposant d'explorer les disques durs SCSI reliés au PC. Sélectionnez celui qui contient la partition HFS à graver.

- Vous pouvez aussi accéder directement à cette fenêtre d'exploration en sélectionnant Nouveau dans la menu Fichier, option de modèle CD-ROM (Hybride), puis onglet Hybride, pour explorer les disques SCSI à la recherche d'une partition HFS (voir Figure 5.7).

- Cliquez sur Nouveau. Vous êtes maintenant dans la boîte de dialogue Ecriture CD. Vous y observez des cases à cocher, dont certaines sont déjà validées. Vous avez encore la possibilité de vérifier toutes ces options,

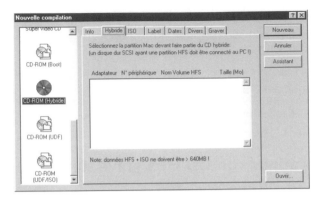

Figure 5.7 : L'onglet Hybride.

ainsi que celles des autres feuilles de propriétés, et d'apporter tous les changements qui vous semblent nécessaires.

Vous pouvez maintenant confirmer vos sélections en cliquant sur le bouton Ecrire. Toutes les étapes s'enchaîneront automatiquement, de la lecture de la partition à sa préparation, jusqu'au processus final d'écriture.

Exactement comme en mode de gravure classique, une fenêtre d'état affiche la liste de toutes les opérations jusqu'à l'éjection du CD-R gravé.

Un CD Hybride en pratique

Nous venons de graver un disque exclusivement HFS, mais notre modèle est dit hybride. Ce qui nous amène à cette question : qu'est ce qu'un disque Hybride ?

Il s'agit d'un disque lisible à la fois sur PC, *via* un système de fichiers compatible ISO et sur Mac *via* une partition HFS.

Nero crée des CD hybrides non-shared. Cela signifie que, pour qu'un fichier puisse être lu par les deux environnements, il devra être présent à deux reprises sur le même CD : une première fois en tant que fichier Macintosh et une seconde fois en tant que fichier PC. Par conséquent, assurez-vous que la taille totale des données (les données présentes sur la partition HFS ajoutées à celles contenues dans la partition ISO) n'occupe pas un volume supérieur à la capacité d'un CD standard, c'est-à-dire 640 Mo.

A ce sujet, nous ne disons pas "CD standard" par hasard : évitez à tout prix d'utiliser les CD overburnés dans le cas des disques hybrides. Ces derniers sont théoriquement fonctionnels, mais, en pratique, ce genre de CD vous posera déjà suffisamment de problèmes de mise au point en mode Normal pour vous dispenser d'en rajouter !

⊕ *attention*

Avec Nero 5.5, vous pourrez créer des CD hybrides uniquement si les données HFS se trouvent sur un disque SCSI connecté au PC. Nero 5.5 ne permet pas de graver de CD hybrides en utilisant une unique partition ISO comme point de départ. C'est un phénomène très étonnant, puisque Nero 5.0 permettait cette opération en créant des disques "ponts", d'après une unique partition ISO, lisibles ensuite sur les deux machines !

Création d'un CD Hybride

Cliquez sur l'icône du modèle CD-ROM (Hybride) dans la fenêtre de dialogue Nouvelle compilation ouverte au démarrage de Nero ou activée dans la menu Fichier, sous-menu Nouveau.

La feuille de propriétés Hybride apparaît au premier plan. Dans la liste qui s'affiche, sélectionnez une partition HFS. Si cette liste est vide, aucun disque dur contenant une partition HFS n'a été trouvé, et **vous ne pouvez pas graver de CD avec Nero 5.5**.

Cliquez sur Nouveau pour confirmer votre sélection. La fenêtre Compilation ISO s'ouvre.

En utilisant le glisser-déposer, ajoutez les fichiers de la partie ISO de votre projet de CD Hybride. Cette partie ISO ne sera visible que sur un PC. Les données contenues dans la partie Macintosh seront quant à elles visibles uniquement sur Macintosh.

Cliquez sur l'icône Ecriture CD de la barre d'outils ou du menu Fichier. Vous pouvez maintenant lancer votre gravure en cliquant sur le bouton Ecrire. Toutes les étapes sélectionnées s'enchaîneront en séquence jusqu'au processus final d'écriture.

Chapitre 6

Graver des CD audio

En matière de création de disques audio, Nero n'a pas toujours été le meilleur outil du marché. Il a fallu attendre la version 5 pour que ce logiciel devienne vraiment convivial et performant dans ce domaine. Il souffrait pourtant encore de quelques lacunes.

C'est la version 5.5 — avec son éditeur audio — qui a achevé de transformer Nero en un outil de gravure de CD audio vraiment capable de rivaliser avec les ténors qu'étaient jusqu'ici Easy CD et WinOnCD.

Un CD audio ou un CD-ROM contenant de l'audio

Mais avant d'explorer plus avant la gravure de CD audio avec Nero, commençons par répondre à cette importante question : un CD audio, c'est quoi ? Le CD audio historique, c'est à la fois une norme de contenu et de contenant, décrite par le Red Book. Cette norme définit la taille du disque, sa forme, sa technologie, mais aussi un premier type de contenu : le son codé sous la forme Digital Audio (DA). En clair, il s'agit du format de tous les CD commercialisés pour les lecteurs de salon.

Le Red Book est d'ailleurs le livre de référence de tous les CD, puisque c'est à partir de cette base de travail qu'ont été créés les autres livres (le Yellow Book, par exemple, pour les CD-ROM).

En conséquence, un CD-ROM répond aux standards du Yellow Book pour son contenu informatique, mais aussi à ceux du Red Book pour sa forme, sa taille, l'organisation de ses pistes. C'est compris ? C'est pour ce motif que n'importe quel lecteur de CD-ROM est capable de lire sans difficultés un CD-DA. C'est pour cette même raison que quasiment tout CD (ROM, vidéo, CD-I) peut également contenir des pistes DA.

Techniquement, un vrai CD audio, c'est quoi ?

Nous commencerons donc par expliquer ce qu'est un vrai CD audio, le CD-DA tel que le définit le Red Book :

- 99 séquences sonores réparties sur 99 pistes ;
- une durée totale d'écoute de 60 à 72 minutes ;
- un son dont la qualité est échantillonnée à 44 kHz, sur 16 bits par canal, en stéréo ;

- un débit de lecture minimal de 150 Ko par seconde, impératif pour lire l'échantillon du disque.

Ce disque est par ailleurs muni d'une table de contenu qui pointe sur les pistes et permet au lecteur de passer de l'une à l'autre par un jeu de dispositifs électroniques. Point !

Seul un CD audio à pistes DA répondant à ces normes peut être lu sur n'importe quel lecteur de CD de salon, de voiture ou de PC.

Ce type de CD, dans votre logiciel Nero, correspond au modèle CD audio, représenté par une icône affublée d'une guitare rouge.

Les normes qui améliorent le Red Book

Disons-le ici, le disque DA frise la perfection en matière de qualité et de longévité. Mais au xxie siècle, par principe, tout ce qui date de plus de dix ans est considéré comme un peu archaïque…

D'autres produits dérivés ou franchement éloignés du CD-DA d'origine ont donc vu le jour pour satisfaire toujours un peu plus la fièvre acheteuse ou téléchargeuse des amoureux du son.

Le CD-Text

A commencer par la norme CD-Text. Celle-ci part du principe que l'un des défauts du CD-DA est de ne pas proposer de contenu informatif. Pourtant, une demande en CD-DA intuitif et informatif existe bel et bien chez l'utilisateur avide de gadget. On le voit bien avec la norme RDS, qui affiche les stations en clair sur le poste de radio.

On a donc cherché d'autres idées pour faire évoluer la norme CD-DA vers plus de sophistication. La première de ces évolutions a été le format CD Extra. Format avorté, mais néanmoins supporté par Nero 5.x et sur lequel nous reviendrons. Avorté parce que trop compliqué.

C'est le CD-Text, plus simple, qui lui a succédé. Il s'agit là d'un véritable CD audio, répondant aux spécifications du Red Book, auquel on a ajouté quelques fonctionnalités, conviviales et informatives, mais simples. Quelles sont ces informations ? Des données telles que le titre de l'album, l'interprète, les titres des pistes, des messages, des renseignements sur le genre musical, les compositeurs, les musiciens, les arrangeurs. Signalons que, par souci d'ouverture, ces informations peuvent être associées à celles d'autres formats de CD, comme les CD Extra et les CD-Graphics (CD+G).

La version 1.0 des spécifications a été distribuée aux détenteurs d'une licence de CD-DA en octobre 1996. Elle commence tout juste à devenir un standard du marché, ce qui prouve qu'il faut souvent beaucoup de temps avant d'imposer une nouvelle norme !

Le CD-Text présente l'avantage de simplifier l'électronique de lecture du lecteur de salon. Là où le CD Extra obligeait les fabricants à ajouter des modules électroniques très proches de ceux que contient un PC (pour lire une piste en mode XA), le CD-Text se contente d'un dispositif simple, mais efficace, assez proche du système RDS des autoradios (qui affiche le nom de la station de radio FM en clair).

Au final, il devient possible de créer des lecteurs de salon compatibles CD-Text beaucoup moins chers que ceux qui supportent la norme CD Extra, et le consommateur est bien évidemment séduit !

Pour écrire des informations CD-Text sur un CD, il faut que votre graveur supporte la fonction CD-Text. Vous trouverez la liste complète des graveurs CD-Text supportés par Nero sur le site **Ahead.de**.

De plus, les données CD-Text ne peuvent être écrites qu'avec la méthode de gravure Disc-At-Once. Pour vérifier que votre graveur supporte bien cette fonctionnalité, sélectionnez la commande Choisir l'enregistreur du menu Enregistreurs CD.

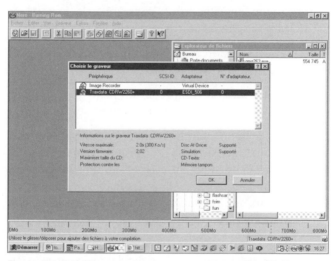

Figure 6.1 : Vérifiez que votre graveur est compatible CD-Text.

Il n'existe pas de modèle spécifique CD-Text dans Nero 5.x : vous pourrez ajouter les informations CD-Text relatives à l'album, au style de musique, à la langue et aux auteurs à n'importe quelle piste audio, dans n'importe quel modèle compatible CD-DA (Mixte, Audio, Extra…). Pour cela, il vous suffira de double-cliquer sur les pistes audio et de remplir la boîte de dialogue qui s'affiche.

Le CD Extra et le CD Mixte

Terminons cette exploration des modèles de CD-DA proposés par Nero avec deux formats peu usités : le CD Extra et le CD Mixte.

Le CD Extra

Un CD Extra est un CD audio partagé en deux sessions (reportez-vous au Chapitre 4, consacré à la gravure de CD-ROM pour plus d'informations sur les sessions) :

- La première session contient des pistes audio classiques et totalement compatibles avec la norme DA.

- La seconde session comprend des fichiers de données relatives aux pistes audio de la première session.

Ces fichiers de données fournissent des informations telles que le titre du disque ou celui de la piste, ainsi que des commentaires sur la musique diffusée, et des images fixes. Ces informations sont stockées dans des fichiers et des répertoires spéciaux automatiquement organisés par le modèle CD Extra de Nero (voir Figure 6.2).

Un CD Extra peut contenir des informations en plusieurs langues. Le cadre Langues de l'onglet des propriétés du CD Extra (voir Figure 6.3) vous permet de choisir dans une liste de pays. Vous pouvez spécifier le titre de l'album dans toutes les langues.

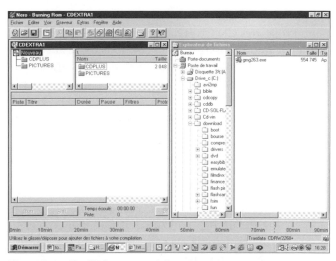

Figure 6.2 : Un CD Extra organisé par Nero 5.x.

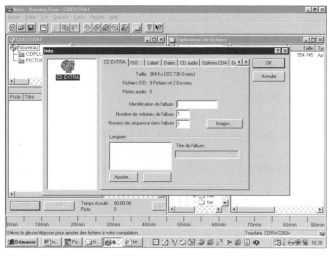

Figure 6.3 : Le menu d'édition des propriétés du CD Extra.

Les propriétés générales du CD Extra figurent dans le menu Propriétés CD Extra des options de compilation. En utilisant le bouton Images…, on pointera, entre autres, sur des images situées dans la session des données, qu'un lecteur de CD Extra saura afficher sur un écran de télé. Cette boîte de dialogue permet aussi de sélectionner la résolution d'affichage et de stockage pour toutes les images qui seront contenues dans le CD.

La session audio du CD Extra sera lue sur un lecteur de salon comme un classique CD-DA. Ce type de CD est donc considéré comme compatible DA. Pour bénéficier de ses fonctions évoluées (images fixes, commentaires), il vous faudra le lire sur un PC (seul appareil équipé d'un lecteur de CD-ROM compatible avec les disques multisessions), équipé du logiciel approprié.

Seul problème : le logiciel approprié pour lire des CD Extra… n'existe pas (j'en cherche toujours un, et désespérément, depuis trois ans : informations bienvenues sur echarton@worldnet.fr) ! C'est ce qui limite quelque peu la portée de cet outil !

Le CD Mixte

Nero 5.x nous propose aussi un modèle de CD dit mode mixte. Il s'agit en réalité d'un disque de type CD-ROM contenant également des pistes audio. Un disque assez classique, qui diffère peu du CD Extra : il ne lui manque que la structure de répertoire standard. Vous installerez sur la piste de données les applications logicielles et matérielles dédiées au PC. Vous utiliserez parfois ce CD Mixte pour des applications multimédias.

À propos du CD-R DA

Abordons brièvement ici le sujet des copieurs de CD de salon (et du disque qui leur est associé, le CD-R DA). Il s'agit d'une petite boîte qui aurait pour objectif théorique de simplifier le processus de gravure des CD-DA, une sorte de graveur destiné aux utilisateurs non équipés de PC ou réfractaires à l'excellence mondialement reconnue de Windows qui, comme chacun le sait, ne plante jamais. C'est en tout cas l'argumentaire des créateurs de la chose !

Pourquoi tant de haine face à ce qui pourrait très bien s'avérer un gadget convivial ? Parce que le média destiné à la *boîte graveuse de salon* est protégé et surtaxé (en plus de la taxe sur les disques vierges déjà existante) ! Ce média, c'est le CD-R DA, nouveau disque. Différence majeure entre un CD-R et un CD-R DA ?

- prix d'un CD-R : 4 à 8 francs (un petit euro !) ;
- prix d'un CD-R DA : au moins cinq fois plus !

Le CD-ROM avec contenu audio et le MP3

Nous venons de voir tous les formats de CD audio, mais, me direz-vous, un CD qui contient des fichiers MP3, ce n'est pas un CD audio ? Non ! Un CD rempli de musiques organisées dans des fichiers MP3 est un CD-ROM rempli de fichiers, point. Il n'existe aucune différence entre ce CD et un CD-ROM qui contient un programme, par exemple. Le CD qui abrite des séquences MP3 est d'ailleurs illisible sur une platine de salon (encore que l'on commence à voir apparaître un type de platines compatibles MP3).

Alors, pour graver un CD rempli de MP3, comment fait-on ? On utilise un modèle de CD-ROM, on fait glisser les séquences depuis le disque dur vers la fenêtre de layout. C'est tout ?

Pas exactement, car devant le succès du format sonore MP3, certains se sont dit qu'il serait peut-être intéressant de mettre au point un dispositif de documentation d'un CD-ROM MP3. Une sorte de base de données, qui permettrait de documenter chacune des séquences, exactement comme un CD-Text. Possible ? Oui, c'est le principe des listes M3U que gère Nero 5.x ! Nous y reviendrons dans le chapitre suivant. Mais commençons par explorer en détail les possibilités de Nero en matière de MP3.

Les fonctions MP3 de Nero

Historiquement, les logiciels de gravure n'étaient pas prévus pour manipuler des séquences MP3 : leur rôle en matière de gestion de fichiers sonores se limitait à gérer des conversions et des extractions. Extraire les pistes DA des disques audio pour les copier sur le disque dur, et éventuellement les transformer au format standard de fichier sonore de Windows, le WAV. Et inversement, convertir ces séquences WAV en fichiers prêts à graver sur des pistes DA.

Ce principe était acceptable tant que l'on considérait que le seul format valable d'écoute de séquences sonores était celui des CD : on cherchait donc avant tout à graver des CD-DA. Mais l'arrivée du format MP3 a tout changé. Les utilisateurs exploitent aussi bien leurs PC que leurs lecteurs de CD-DA de salon pour échanger des séquences MP3, ou pour lire ces mêmes séquences (en matière de son, le PC surpasse maintenant souvent une chaîne hi-fi).

En résumé : nous avons assisté à une évolution des besoins. L'utilisateur entend désormais manipuler ses séquences sonores avec un format MP3 (pour le PC et le baladeur) ou sur CD-DA (pour la voiture, la chaîne de grand-mère et le lecteur du salon). Il faut donc que le logiciel de gravure acquière lui aussi cette souplesse… C'est presque totalement le cas avec Nero 5 ! Car qu'attendons-nous de Nero en matière de gestion du format MP3 ?

- Qu'il sache extraire des pistes DA d'un CD et qu'il les code pour que nous puissions les enregistrer sur le disque dur. Nero le fait, mais malheureusement, et par défaut, en mode Démonstration, comme nous allons le voir.

- Qu'il sache faire glisser une séquence MP3 (que nous aurions récupérée sur Internet ou reçue d'un ami) depuis le disque dur vers un modèle de disque, et qu'il la transforme automatiquement en piste DA, pour créer un CD-DA lisible sur tous les appareils standard. Nero le fait, tant dans la version 5.0 que dans la version 5.5 ! Examen détaillé de la question…

Le codeur-décodeur MP3 de Nero

Nero sait décoder les séquences MP3 : si vous faites glisser un fichier MP3 sur une piste de CD-DA, le logiciel se chargera automatiquement de convertir ce fichier en format DA. Vous ajouterez les fichiers MP3 dans la compilation audio de Nero par glisser-déposer, tout comme vous le faites avec les fichiers WAV ? (.wav) et les pistes audio (.cda).

Les fichiers MP3 seront gravés et convertis à la norme DA à la volée. Cela signifie qu'il n'est pas nécessaire de convertir tout d'abord ces fichiers au format .wav ?, ni de les stocker au préalable dans une mémoire tampon.

Mieux, Nero 5.5 évalue la qualité des fichiers MP3 : si ces derniers présentent des craquements et autres bruits de fond, Nero vous prévient et vous permet de rectifier les erreurs avec le logiciel Wave Editor !

Le codeur est payant...

En revanche, si vous souhaitez partir d'une séquence contenue dans un fichier .wav ou extraite d'une piste de CD audio pour en faire un fichier MP3, il vous faudra acquérir un logiciel complémentaire.

En effet, après avoir installé Nero 5.5 (ou Nero 5.0 avec le patch Codeur MP3 téléchargé depuis le site Web d'Ahead) possibilité vous est donnée de tester le module d'encodage MP3. Tester quelque temps, mais pas utiliser définitivement... Ce module, dans la version installée automatiquement, est en effet limité à 30 encodages de séquences au format WAV ou pistes DA.

Vous pouvez contourner le problème en remplaçant le codeur MP3 de Nero par un codeur freeware. Vous trouverez quelques adresses de codeurs MP3 gratuits à l'adresse **http://www.webgratuit.com/Logiciels/MP3/codeurs/**.

CD-DA contre MP3

Pour résumer, nous savons que nous avons droit à un choix de formats plutôt étendu, lorsque nous voulons créer un CD-R contenant des données audio avec Nero. Nous pourrons créer :

- des CD-R DA totalement compatibles avec les lecteurs de salon en utilisant le modèle CD audio ;

- des CD-R DA à fonctions évoluées, lisibles dans les lecteurs de salon, mais dont le contenu ne sera pas forcément reconnu (c'est le cas des CD-Text, Mixte et Extra) ;

- des CD-R de type CD-ROM illisibles dans les appareils audio standard, mais contenant les fichiers que nous utilisons désormais au quotidien, à savoir les MP3.

Comment choisir l'un ou l'autre de ces modèles ? Tout dépend de vos habitudes et de vos équipements. Si vous lisez vos séquences audio principalement sur PC et avec un baladeur MP3, vous opterez probablement pour une gravure de CD-ROM à contenu audio MP3, en exploitant au besoin les fonctions de listes M3U dont nous allons parler plus loin.

Vous devez néanmoins savoir que les séquences MP3 téléchargées, contrairement à un certain nombre d'idées reçues, sont qualitativement très éloignées de ce que peut produire un CD audio. N'oubliez pas qu'un fichier MP3 est très compact parce qu'il est fortement compressé, et qui dit forte compression dit forcément perte de qualité.

Les séquences MP3 sont le plus souvent codées sur 128 bits avec une bande passante de 22 kHz. Cela signifie qu'elles sont lues à un débit de 128 bits par seconde, puis décompressées pour un rendu final de 22 000 Hz. Il n'est pas rare, avec les séquences compressées pour un débit de 96 bps, d'obtenir 11 kHz de bande passante, en stéréo.

Par comparaison, sachez qu'un CD audio est échantillonné à 44 kHz, en stéréo, ce qui est tout de même deux fois meilleur que la meilleure séquence MP3 téléchargée ! En résumé, une séquence MP3 est de qualité FM par comparaison à la qualité CD.

Ces mêmes séquences MP3 ont évidemment l'avantage de leur inconvénient : sur 3 ou 4 Mo, on fait facilement tenir 4 minutes de son. Ce qui signifie que sur un CD-ROM de 650 Mo, une fois défalquées les pertes d'espace dues à l'organisation des répertoires, on peut tout de même graver au moins 10 heures d'écoute ! Tandis que le CD-DA est limité par sa durée, qui n'excédera jamais celle qui est indiquée sur le boîtier (soit 74 à 80 minutes).

CD-ROM MP3 ou CD-DA — ou les deux — à vous de voir : de toute façon, Nero sait faire ! Dans tous les cas, évitez les hérésies :

- Ne convertissez pas systématiquement des pistes de CD-DA en séquences MP3 si vous n'écoutez que des CD audio sur votre platine de salon !

- Ne conservez pas les pistes au format DA sur votre disque dur si vous écoutez de la musique uniquement sur votre baladeur MP3 (les séquences DA occupent 10 à 40 fois plus de place que leur équivalent MP3 !).

La gravure en pratique

En pratique, la gravure d'un disque DA avec Nero, ça marche comment ? Tout dépend de ce que vous voulez faire (copier ou créer) et de quels matériaux de base vous partirez (un CD-DA existant, ou des fichiers sur le disque dur). Nero est capable de créer trois types de CD-DA :

- une copie de CD-DA à l'identique ;

- un CD-DA d'après des fichiers sonores contenus dans un disque dur : pistes d'autres CD, mais aussi séquences WAV ou MP3, par exemple ;

- un disque DA en CD-DA Text ou CD Extra.

La copie de CD et l'extraction audio

En matière de copie et de création de disque d'après des CD-DA existants, le premier obstacle que nous rencontrerons est celui de l'extraction audio. Explications !

Pour récupérer une piste audio, il faut en effet que le lecteur de CD, de DVD ou le graveur chargé d'analyser le disque DA source, soit capable d'extraction Digital Audio. Cela paraît évident à première vue : si mon lecteur de CD-ROM sait lire des disques audio et les restituer sur mes haut-parleurs, il doit bien être capable d'enregistrer le contenu des pistes sur le disque dur ? Eh bien, non ! Si votre lecteur de CD-ROM est récent, l'extraction est acquise. Idem pour un lecteur de DVD-ROM et la plupart des graveurs. Si tel n'est pas le cas, un conseil : changez votre ancien matériel. Les lecteurs de CD-ROM du commerce 40× à 45 euros (soit 300 francs) sont tous extracteurs.

Cela dit, le fait que votre lecteur soit capable d'extraction ne signifie pas forcément que celle-ci se passe dans de bonnes conditions ! Ainsi, tous les lecteurs ne sont pas égaux devant l'extraction : certains atteignent le mode 10×, mais d'autres restent désespérément bloqués en 1×. Ce qui signifie, dans ce dernier cas, qu'il vous faudra une heure pour extraire une heure de données audio (contre 6 minutes pour 60 minutes en mode 10×).

Autre implication : la gravure ne peut se faire qu'à une vitesse inférieure à celle de l'extraction. Hors des graveurs Burnproof, il est impossible de graver directement en copie disque à disque un CD-R audio en mode 1× si l'extracteur est limité à 1×. La copie disque à disque sera donc impossible et passera forcément par un stockage intermédiaire sur le disque dur… Et pour copier un CD audio en mode 4×, il faudra que l'extracteur atteigne au moins une vitesse d'extraction double. Sachez par ailleurs (lire l'encadré qui suit) qu'une extraction trop rapide provoque sur certains lecteurs des altérations de la séquence audio originale !

Les clics sont des problèmes d'extraction

De nombreuses lettres de lecteurs, qui nous parviennent à l'adresse **echarton@worldnet.fr**, concernent des problèmes de clics et de crachotements lors de copies de CD audio. Il semble que, malheureusement, et pour nombre de nos correspondants, ces défauts soient dus à une mauvaise qualité d'extraction de leur graveur ou de leur lecteur de CD-ROM. Solution ? Baisser la vitesse... ou changer de matériel.

Bref, vous comprenez probablement ici l'utilité des équipements annexes au graveur, et surtout, l'importance des étapes d'analyse de configuration réalisées avec Nero et ses outils de diagnostic dans la première partie de cet ouvrage !

Arrivé à ce stade, en matière de qualité de gravure, vous devez absolument admettre que Nero est parfait en ce qui concerne la copie de CD audio (j'ai testé, je vous le promets), et que, si des problèmes se posent, c'est du côté de votre configuration qu'il faudra chercher !

Copier un disque DA

Pour copier un CD audio, nous utiliserons le module CD Copy, tout simplement. Pas de différence entre un CD-ROM et un CD-DA en matière de copie : grâce à son module générique de reproduction, Nero lit les pistes et les grave sans réfléchir, la copie fonctionne donc aussi avec des pistes DA !

1. Insérez le CD-R dans le graveur et le CD-DA à copier dans le lecteur. Lancez Nero et validez CD Copy.

2. Côté options, vous pouvez intervenir sur les onglets Options de lecture et Graver. Dans Graver, vous devez absolument cocher l'option Disc-At-Once. Dans le cas contraire, votre copie pourrait produire des "hoquets".

3. Dans l'onglet Options de lecture, vous pouvez cocher Ignorer mauvais format de CD et Corriger les pistes audio, si vous rencontrez des problèmes. Ces options permettent de contourner la totalité des protections anticopies des CD audio du marché.

4. Cliquez sur Copie de CD : le reste est automatique !

Après quelques minutes, votre CD-R gravé sera éjecté, et correspondra avec fidélité à l'original. Cette copie est bien évidemment une copie "basique". Vous pourrez aussi avoir envie de procéder à une compilation de plusieurs pistes, extraites de différents CD audio. Mode d'emploi !

Créer une compilation

Les compilations de plusieurs pistes issues de disques différents passent nécessairement par une extraction. Entendons-nous bien : dans la copie que nous venons de faire, il y a forcément eu extraction. Celle ci est simplement restée transparente pour nous.

Pour extraire des pistes individuellement, nous allons devoir réaliser les opérations manuellement, piste par piste, et enregistrer ces dernières sur le disque dur.

Pour extraire une piste avec Nero, insérez le disque audio dans votre lecteur (ou dans votre graveur si le lecteur n'est pas capable d'extraction), lancez votre interface Burning

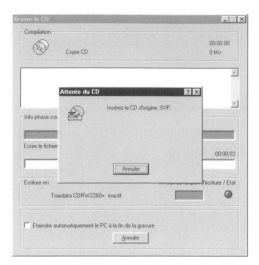

Figure 6.4 : La copie d'un CD audio.

Rom, et explorez le disque grâce à la fenêtre de droite (voir Figure 6.5). Déroulez maintenant le menu Graveur, option Enregistrer pistes (voir Figure 6.6).

Vous observez une liste de pistes numérotées. Pour transférer l'une de ces pistes sur le disque dur, sélectionnez-la avec votre souris (voir Figure 6.7), indiquez un chemin et un nom. Vous remarquez que, face à la ligne Format du fichier de sortie, Nero vous propose de convertir automatiquement cette piste en format MP3, WAV, VQF ou AIF. Si vous n'avez pas acquitté la licence du codeur MP3, vous n'aurez droit qu'à 30 extractions avec ce format. Le format WAV a pour avantage de préserver la qualité originale, et pour inconvénient d'occuper plus de place. A vous de choisir...

Cliquez sur Lancer, et l'extraction commence (voir Figure 6.8).

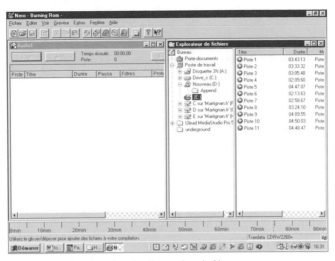

Figure 6.5 : L'exploration du disque depuis Nero.

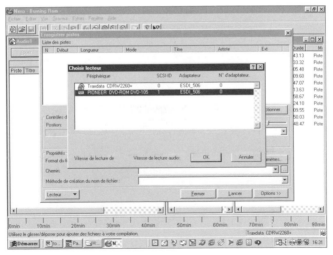

Figure 6.6 : L'option Enregistrer pistes.

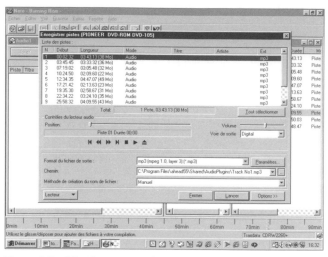

Figure 6.7 : Sélectionnez une piste.

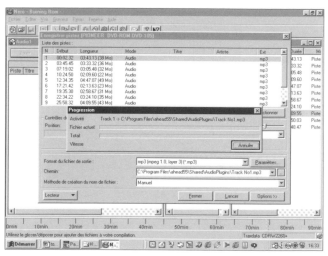

Figure 6.8 : Extrayez cette piste.

Vous devez ensuite extraire chacune des pistes de cette façon et les stocker sur votre disque dur. La norme des CD et Nero 5 vous permettent de graver jusqu'à 99 pistes audio sur un CD-R DA, vous avez donc de la marge… Tout est prêt ? Il est temps de graver la compilation !

 info

Création de compilation automatique

Par défaut, Nero 5.0 et 5.5 gèrent automatiquement la création des compilations. Si vous créez un layout de CD-DA basé sur le modèle CD audio de Nero, et si vous faites glisser une par une toutes les pistes extraites de plusieurs CD audio, ces dernières seront provisoirement stockées dans le répertoire Temp de Windows, et immédiatement prêtes à graver (sans que vous ayez à réinsérer les disques originaux).

Graver un CD audio au standard DA

Une fois que tous vos fichiers sont prêts, cliquez sur Nouveau dans le menu Fichier, et validez CD audio pour créer un modèle de CD audio. Faites glisser vers le layout toutes les séquences stockées sur votre disque dur : ces dernières seront au format .wav, MP3 ou TwinVq (le nouveau format de Microsoft). Cliquez sur Ecrire le CD du menu Fichier. Votre disque est gravé !

Ajouter les informations CD-Text

Vous pourriez aussi créer un CD-R DA compatible avec la norme CD-Text. Cette création n'hypothèque en rien la compatibilité future de votre disque avec des appareils de salon. En effet, les informations texte sont stockées dans des sous-codes, portions de stockage oubliées des disques audio et des spécifications du Red Book. Votre CD-Text sera donc lu comme une radio RDS (affichant le nom de l'auteur et de la chanson sur son écran LCD) si votre matériel de salon est compatible, et comme un simple CD-DA (affichant ses numéros de pistes) dans tous les autres cas.

Nous l'avons dit, pas besoin avec Nero d'utiliser un modèle CD-Text. Il vous suffira de sélectionner les noms des pistes sur le layout et de dérouler le menu contextuel du bouton droit (voir Figure 6.9). Cliquez sur Propriétés de la piste : vous n'avez plus qu'à remplir la fenêtre pour qu'automatiquement les champs déclarés soient gravés dans les zones "text" de votre CD.

Attention : le mode CD-Text n'est pas supporté par tous les graveurs.

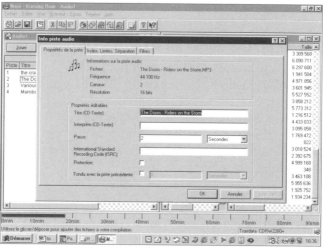

Figure 6.9 : Extrayez cette piste.

Chapitre 7

Les possibilités audio évoluées

Nero 5.x sait graver toutes les formes de disques DA (Text, Extra, classique) *via* plusieurs procédés (copie de disque à disque ou compilation). Mais le logiciel intègre aussi, dans ses versions récentes, toutes les dernières technologies. Nero 5.0 et 5.5 ne sont pas égaux en cette matière, le second ayant considérablement amélioré le premier. Dans les versions 5.0 et 5.5, Nero gère des listes de lecture, véritables descriptifs de groupes de séquences audio, utilisables aussi bien dans les logiciels lecteurs de MP3 pour PC, que dans les lecteurs MP3 de salon. Il gère aussi un système de base de données, qui permet d'identifier des séquences sonores et des albums.

Mais, dans la version 5.5, Nero est capable d'éditer n'importe quelle séquence sonore et de lui appliquer des effets ou des corrections, grâce au Nero Wave Editor, un outil vraiment indispensable qui manquait depuis toujours aux produits d'Ahead.

Nous allons explorer ces possibilités méconnues et séduisantes, en commençant par les listes de lecture, également connues sous le nom de listes M3U.

Les listes M3U

Ces listes de lecture, appelées également Playlists, contiennent un texte au format ASCII qui référence tous les fichiers MP3 contenus dans un répertoire de disque : disque dur, disquette, et CD-ROM, aussi ! Lorsque vous faites glisser un fichier Playlist dans une compilation de type CD audio, Nero ajoutera automatiquement dans cette compilation tous les fichiers audio qui sont référencés dans la liste M3U.

Un exemple pour bien comprendre l'intérêt des Playlists ? Imaginez un répertoire dans lequel sont organisés une trentaine de fichiers MP3 :

1. Faites glisser tous ces fichiers dans le lecteur MP3 de Nero (NeroMediaPlayer) [voir Figure 7.1].

2. Organisez-les et déplacez-les d'un simple clic (voir Figure 7.2).

3. Une fois que le classement vous convient, cliquez du bouton droit sur la liste et demandez Save playlist (voir Figure 7.3), sous le nom "plaisir.m3u".

4. Cette liste est alors enregistrée dans le répertoire des fichiers MP3, avec l'extension .m3u.

Figure 7.1 : Faites glisser les séquences dans NeroMediaPlayer.

Figure 7.2 : Organisez les séquences.

Vous pouvez désormais utiliser votre répertoire comme un CD audio : pour lancer le chargement de la liste dans un lecteur MP3, il vous suffira de double-cliquer sur l'icône de la liste, ici "plaisir.m3u".

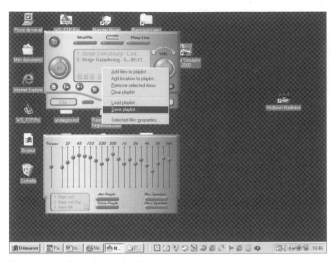

Figure 7.3 : Enregistrez la liste.

Figure 7.4 : La liste est dans le répertoire, prête à être réutilisée.

Pour créer un CD-ROM contenant des MP3, lisible par un lecteur de salon compatible MP3, ou encore automatiquement reconnu par Windows avec sa liste de fichiers, il vous suffira de graver sur un CD-R le répertoire qui contient vos séquences MP3 et la liste M3U. Mais il est possible de faire encore mieux…

Car vous pouvez aussi faire glisser une Playlist M3U sur un modèle de CD audio, pour que Nero se charge ensuite automatiquement :

- de récupérer les fichiers ;

- de les convertir au format DA ;

- de créer les informations pour le CD-Text.

Avec Nero 5.x et une liste M3U, vous pouvez donc créer un CD audio d'un seul clic ! En résumé, le dispositif M3U est une vraie merveille dont il est difficile de se passer ! Pour vous en convaincre, lisez plutôt la section suivante.

Graver un CD audio avec une liste M3U

Reprenons notre liste de l'exemple précédent : lancez Nero Burning Rom. Demandez la création d'un CD audio.

1. Dans le répertoire de droite, sélectionnez la liste M3U "plaisir.m3u", et faites-la glisser dans le layout audio, à gauche.

2. Le modèle de votre disque est créé automatiquement d'après la liste M3U.

3. Il ne reste plus qu'à graver !

Graver un CD audio, incluant automatiquement les fonctions CD-Text, d'un clic de souris ? Nero sait le faire, grâce aux listes M3U !

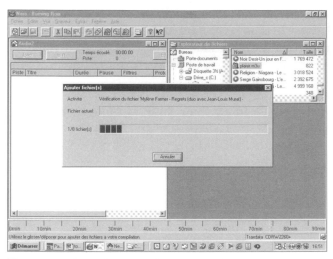

Figure 7.5 : Nero crée automatiquement le disque.

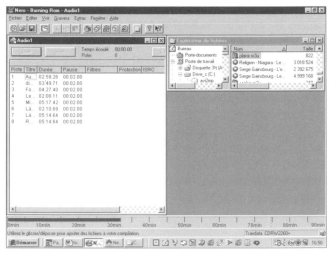

Figure 7.6 : Le disque est prêt à graver.

Les fonctions de base de données audio de Nero

Depuis sa version 5, Nero propose aussi un dispositif de base de données de CD et de titres. Cette base de données peut être utilisée pour trouver les titres ainsi que les auteurs d'un CD audio. Ces informations peuvent par ailleurs être reprises par un modèle de CD audio normal pour documenter les informations CD-Text, et ce automatiquement, comme dans le cas des listes M3U.

Ce dispositif de base de données est très performant. Il part du principe qu'il est possible de créer une sorte d'empreinte digitale d'un disque à partir des emplacements de gravure du début des pistes et de la durée de ce disque.

C'est cette "empreinte" qui est ensuite utilisée pour chercher dans la base de données des informations sur les titres et les noms des artistes. Ces informations récupérées seront utilisées pour :

- Créer un nom de fichier explicite. Par exemple, un nom de fichier tel que "Nom du groupe – Comme d'habitude.wav" est quand même plus compréhensible que "Track03.wav".

- Stocker le titre et le nom de l'auteur dans le fichier audio, si le format de fichier supporte ce type d'information. Signalons que les formats VQF (Sound VQ), MP3 (MPEG-1 Layer 3) et WMA (MS Audio) fournissent ces informations, mais pas le format WAV.

- Ajouter automatiquement des informations CD-Text lors de la copie de CD audio.

Nero peut accéder à deux types de bases de données. C'est le système Freedb qui est retenu (consultez le site **www.freedb.com** pour plus d'informations) sous la forme d'une base de données locale (présente sur le CD-ROM original) et d'une base de données Internet. Ahead recommande d'utiliser de préférence la base de données Internet en raison de sa mise à jour plus dynamique.

info

Les logiciels d'Adaptec (Easy CD et WinOnCD) utilisent eux aussi un système de base de données : il s'agit du système CDDB, que vous trouverez sur le site **www.cddb.com**, *a priori* plus fiable que Freedb, mais malheureusement non reconnu par Nero 5.

Le système de base de données

Pratiquement, l'activation de la fonction Base de données est liée à la configuration que vous indiquerez à Nero. Vous spécifierez cette configuration dans la menu Fichier, sous-menu Préférences, onglet Base de données. Dans cette fenêtre, vous indiquerez comment accéder à la version Internet de la base, ou encore son chemin sur votre disque dur.

Dans ce dernier cas, pour installer la base sur votre disque, vous devrez la décompacter dans le répertoire pointé par défaut par Nero 5, et indiqué en face du champ Chemin de la base de Nero du menu Préférences.

Signalons qu'une fois décompactée, la base occupe près de 300 Mo sur le disque dur...

Sur le CD-ROM de Nero 5.0 ou 5.5, la base est installée dans le répertoire "freecddb". Bizarrement, tant pour la version 5.0 que pour la version 5.5, la base date d'avril 2000.

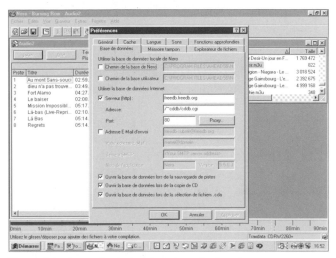

Figure 7.7 : La configuration de la base de données.

Vous avez donc un potentiel de mise à jour important si vous exploitez la base d'Internet (la base CDDB est en effet mise à jour en permanence).

Reste à savoir comment cette base sera exploitée par Nero 5.x. En bas de la fenêtre Base de données des Préférences, plusieurs options vous permettent de choisir à quelle occasion la fenêtre d'accès à la base de données apparaîtra dans Nero :

- **Durant la sauvegarde de piste.** Si cette option est active, Nero ouvrira sa boîte de dialogue de base de données lorsque vous ferez appel à la commande Graveur, Sauvegarder pistes.

- **Durant la copie de CD.** Si cette option est active, Nero ouvrira sa boîte de dialogue de base de données lorsque vous copierez des CD. Les informations rassemblées permettront de produire un CD automatiquement rempli avec les informations CD-Text. Désactivez cette option si votre graveur ne supporte pas le CD-Text.

- **Pendant la sélection de fichiers .cda.** Si cette option est active, Nero ouvrira sa boîte de dialogue de base de données lorsque vous glisserez des pistes depuis un CD audio existant vers une compilation audio. Vous n'aurez alors plus besoin d'entrer un nom de CD et vous obtiendrez automatiquement (si la base reconnaît vos pistes ou le CD en cours de copie) les informations complètes.

C'est donc en fonction de la configuration de Nero que la boîte de dialogue d'accès à la base de données sera affichée.

Ensuite, le processus d'exploitation et d'accès à la base est toujours le même.

1. Nero commencera par essayer de lire des informations CD-Text depuis le CD utilisé.

2. Si le lecteur ne supporte pas le CD-Text ou si le CD d'origine ne contient pas de telles informations, la boîte de dialogue d'accès à la base de données apparaîtra.

3. Si une base de données locale est installée, Nero la consultera.

4. Si vous cliquez sur le bouton Accéder à la base de données Internet, Nero essaiera d'y trouver les informations recherchées.

5. Le logiciel tentera enfin de trouver les informations depuis l'application Lecteur CD de Windows.

Les résultats de ces recherches seront affichés dans une liste. Ne soyez pas étonné d'obtenir plusieurs descriptions de CD ou pas de description du tout. Plusieurs descriptions apparaîtront si les différents CD originaux ont la même "empreinte digitale" (ça arrive).

Si la liste des descriptions est vide et que la base de données Internet ne contienne aucune information sur un CD, vous pouvez soit cliquer sur le bouton Annuler, soit définir votre propre description de CD.

Pour être tout à fait franc, la base Freedb est très incomplète en matière de musique francophone, et c'est probablement votre propre base de données que vous utiliserez le plus souvent pour documenter vos disques !

Les fonctions Wave Editor de Nero 5.5

Terminons ce chapitre avec l'amélioration la plus spectaculaire de Nero 5.5 : son éditeur de fichiers sonores, improprement appelé d'ailleurs Wave Editor. Car ce module de Nero édite tous les types de fichiers sonores qui peuvent se trouver sur n'importe quel modèle contenant des pistes sonores, à savoir ceux des CD Mixte, audio et Extra.

Pour le découvrir, créez un modèle audio, faites glisser une séquence, cliquez dessus et déroulez le menu contextuel.

Tout en bas de ce menu, cliquez sur Editeur audio. La piste est éditée et le module d'édition s'affiche (voir Figure 7.8).

Vous observez une fenêtre avec au centre le spectre audio de la séquence, et une barre de menus et des outils, en bas. Le lecteur permet de lire la séquence en temps réel, et fonctionne comme un magnétophone classique, avec ses boutons de lecture, d'avance rapide et d'arrêt. Le bouton

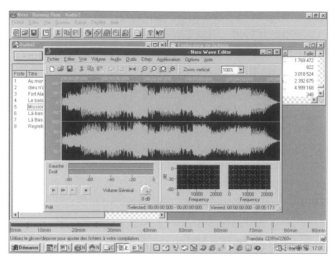

Figure 7.8 : L'éditeur est affiché.

d'enregistrement active un mode Magnétophone, que vous pourrez utiliser pour récupérer n'importe quelle source sonore (voir Figure 7.9) : c'est typiquement l'outil utilisé pour récupérer des musiques extraites d'une platine vinyle reliée à la carte sonore.

Le menu Voir vous propose de réorganiser la fenêtre du Nero Wave Editor et de changer de mode d'affichage : forme d'onde, ondelettes ou spectrogramme.

L'édition de séquences

Le travail sur la séquence passera par les menus Outils, Effets et Amélioration. Pour appliquer tous les effets de ces menus, vous sélectionnerez tout ou partie de la séquence sonore avec le curseur de la souris. Ensuite, chaque effet demandé depuis les trois menus provoquera l'affichage d'une fenêtre de configuration.

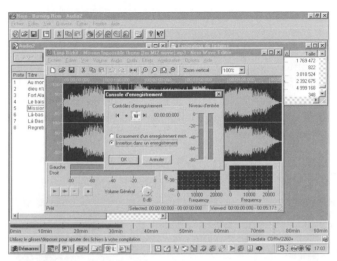

Figure 7.9 : L'enregistreur.

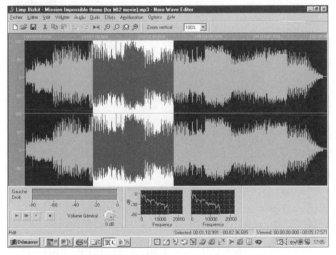

Figure 7.10 : Sélection d'une zone.

Prenons l'exemple du menu Outils, sous-menu Egaliseur, qui provoque l'affichage de la fenêtre présentée à la Figure 7.11 : en faisant varier les différents curseurs, vous supprimerez ou augmenterez le relief de tout ou partie du spectre sonore. A tout moment, vous pouvez cliquer sur le bouton Prévisualiser pour écouter en temps réel (processeur à 400 MHz indispensable, quand même), le produit de votre traitement.

Les autres fonctions et effets fonctionnent selon le même principe. Explorez, testez, essayez !

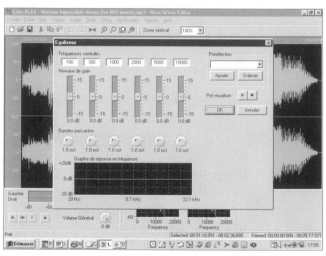

Figure 7.11 : L'égaliseur.

Pour corriger un disque vinyle par exemple, ce sont les fonctions du menu Amélioration que vous utiliserez.

Vous commencerez par une analyse du bruit, puis vous appliquerez des réductions, des corrections, ou la renaissance des hautes fréquences si votre platine était de mauvaise qualité.

Pour modifier une séquence dont le niveau sonore est mauvais, ou dont l'entrée et la fin sont incomplètes, vous mettrez en œuvre les fonctions du menu Volume : diminution ou augmentation du volume global, et application de fondu pour terminer une séquence "en douceur".

Bref, vous le voyez, les possibilités ne manquent pas.

Après les modifications

L'édition et les modifications des séquences sonores sont donc réalisées en ligne, c'est-à-dire en travaillant sur le fichier depuis son entrée dans un layout de CD audio. Une fois les modifications terminées, quittez l'éditeur par le menu Fichier, sous-menu Fermer l'éditeur de son. Une fenêtre s'affiche et vous propose plusieurs options :

- **Sauvegarder sous.** Cette option vous propose d'attribuer un nouveau nom et un nouveau fichier à la séquence. Dans ce cas, vous ne perdez pas le contenu de l'original.

- **Sauvegarder.** Avec cette option, la sauvegarde est réalisée directement dans le fichier original. C'est cet original modifié qui sera gravé.

- **Annuler.** Annule les opérations de sauvegarde et revient à l'éditeur.

- **Ne pas sauvegarder.** Revient à Nero Burning Rom et annule toutes vos modifications.

Signalons que si vous utilisez l'option Sauvegarder sous, Nero vous demandera si la compilation doit se référer au nouveau fichier ou à l'ancien, dès que la session d'édition sera fermée.

Une fois vos séquences éditées et préparées, il ne vous reste plus qu'à graver vos CD !

Chapitre 8

Copier des CD

Nero n'a pas gagné sa réputation sulfureuse par hasard : cet outil est réputé depuis ses débuts pour sa capacité à réaliser des copies de sécurité de disques du commerce. Nous verrons d'ailleurs un peu plus loin que cette réputation est aujourd'hui quelque peu usurpée, Nero étant, depuis les versions 4 et supérieures, plutôt un outil de copie de salon qu'un logiciel de piratage forcené !

En tout cas, Nero sait copier. Mais, pour bien comprendre ce que Nero sait ou ne sait pas faire, il n'est pas inutile de rappeler ici qu'il existe deux univers en matière de copie :

- celui de la copie de disque non protégé ;
- celui des outils de copie de disque contournant les protections.

En ce qui concerne les disques non protégés, rien de particulier à dire : Nero est équipé d'un module de copie piste à piste, appelé CD Copy, suffisamment efficace pour copier les CD-ROM et les CD audio.

Pour ce qui est de copier des CD que leurs propriétaires ne souhaitent pas vous voir reproduire, c'est un peu plus compliqué, bien que ce droit, il n'est pas inutile de le rappeler ici, vous soit reconnu par la loi…

Nero est-il le meilleur outil pour la copie pirate ?

A cette question peu policée, une réponse de Normand ! Tout dépend en fait de la protection employée, et plus précisément de la génération de cette dernière. Car, bien évidemment, au fil du temps, les individus copieurs copient. Et, fort logiquement, les protections — qui comme tout produit informatique répondent à des normes, des technologies, des astuces de développement, voire des coups de génie — deviennent plus ou moins obsolètes au fil du temps.

Les plus anciennes protections de CD — celles des années 80 et 90 — consistaient à graver des structures de fichiers incomplètes ou volontairement remplies d'erreurs. Ce type de protection mettait en déroute, à l'époque, les logiciels de copie les moins sophistiqués : inutile de dire que toutes les versions modernes des logiciels de gravure pulvérisent désormais ces boucliers.

A la fin des années 90, on a donc élaboré des dispositifs plus sophistiqués. Ces protections utilisaient une zone non standard des CD — celle qui dépasse les 74 minutes standard — pour stocker quelques données. C'est la fameuse protection par overburning, que nous pourrions traduire par gravure hors limites.

L'overburning

Dans le détail, de quoi s'agit-il ? Un gros industriel malin et riche est parti du principe que ses puissantes machines pouvaient faire ce que vos graveurs et vos logiciels ne savaient pas réaliser. Une bonne idée, en vérité.

Moyennant une petite bidouille, sa grosse machine sous Unix pourrait créer des CD-ROM de plus de 650 Mo, lisibles sur tous les lecteurs de CD. Or, par chance (pour le gros industriel), les graveurs capables de graver plus de 650 Mo n'étaient pas — loin s'en faut, et même aujourd'hui — la majorité. Les graveurs de CD industriels ont réussi à créer une zone de données au-delà des 74 minutes théoriquement disponibles. Il n'était par ailleurs pas indispensable que cette zone soit lisible par les lecteurs de CD-ROM pour que le disque soit utilisable (il suffisait qu'aucune donnée utile ne soit inscrite dans la zone). Car ce que l'ordinateur ne peut lire, le graveur ne peut le copier (puisque son faisceau est le plus souvent strictement limité à 74 minutes).

Cela a été une méthode de protection efficace tant que ni logiciels ni graveurs n'ont été en mesure de reproduire cette zone. Mais il y a aussi des entreprises qui ont besoin de conquérir des parts de marché. C'est le cas d'Ahead, qui a introduit, dès la version 4.0 de son logiciel, des fonctions qui savent non seulement analyser la zone overburnée entre 74 et 80 minutes, mais aussi la reproduire.

Une fois ce merveilleux Nero 4 "overburneur" en main, que manquait-il pour reproduire les disques industriels "overburnés" ? Des CD-R "overburnables", c'est-à-dire qui acceptent de dépasser les fameux 650 Mo : ils sont désormais disponibles, ce sont les disques de 80 minutes. Il va de soi que la fonction d'overburning de Nero demeure dans les versions 5.0 et 5.5.

Bien évidemment, la plupart des industriels savent que Nero 5.x est capable de copier leurs disques, et ils ont donc progressivement abandonné l'overburning au profit d'autres dispositifs de protection pour CD-ROM. L'overburning n'est donc plus franchement la panacée pour réaliser des copies de sécurité.

En revanche, en matière de CD audio, les disques de 80 minutes restent assez courants, et seul Nero 5.x sait les reproduire ! Attention ! Graver au-delà de la capacité du CD présente cependant quelques inconvénients :

- Pendant la phase de copie, des erreurs peuvent apparaître lors de la lecture des dernières pistes du CD, ou des derniers secteurs de ces pistes.

- Des erreurs de type "erreur SCSI/IDE" peuvent apparaître pendant la gravure, ce qui conduit parfois à la production de CD inutilisables. Ces messages d'erreur peuvent être "Write-emergency" ou "Track following error".

  Il faut cependant noter que ce genre d'erreur est souvent lié à la qualité des CD que vous achetez ainsi qu'au graveur et au lecteur de CD-ROM que vous utilisez.

En d'autres termes, et sur un plan purement technique, l'overburning n'est pas garanti en toute situation, loin s'en faut ! Nero sait faire, il est le meilleur, c'est sûr, mais votre matériel doit suivre pour que ce type de copie (ou de gravure) se passe dans de bonnes conditions.

Attention à la configuration

Si vous voulez graver au-delà de la capacité établie par les standards de l'Orange Book, vous devez donc vérifier tout d'abord que votre graveur supporte bien cette fonction. Pour vous en assurer, deux possibilités :

- Dans le menu Graveur, sélectionnez l'option Choisir le graveur. Des informations concernant votre graveur vont s'afficher (voir Figure 8.1). Si, face à la ligne Maximiser taille du CD, vous observez Non supporté, vous ne pourrez malheureusement pas graver au-delà de la capacité permise par l'Orange Book, à savoir 74 minutes, en tout cas en l'état.

- Cela dit, il est possible que votre graveur soit capable de graver des CD de plus de 74 minutes, mais qu'il exige une mise à jour de son firmware pour y parvenir.

En résumé, pour savoir si votre graveur est capable d'overburning et si Nero supporte cette fonction, consultez le site d'Ahead (**http://www.ahead.de**). Pour connaître les possibilités de mise à jour de votre matériel, rendez-vous plus précisément sur la page **http://www.ahead.de/en/recorder.htm**, où vous trouverez la liste des graveurs compatibles. Il existe par ailleurs sur ce même site une rubrique de liens vers les firmwares très bien documentée.

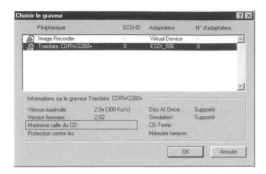

Figure 8.1 : Vérifiez que votre graveur peut overburner.

Dans tous les cas, sachez que sur la plupart des graveurs, l'option Overburning est disponible uniquement si vous utilisez la méthode d'écriture Disc-At-Once.

Quelles limites pour l'overburning ?

Vous avez tout vérifié ? Vous en êtes certain, votre graveur est capable de graver des CD-R au-delà de 74 minutes ? Nous sommes content pour vous ! Mais ce n'est pas fini pour autant ! Car figurez-vous que les fonctions logicielles de votre système et de votre graveur sont absolument incapables d'évaluer la taille totale que votre configuration peut graver. En d'autres termes, la fonction d'overburning n'est pas configurée automatiquement. Vous devez donc consulter les spécifications de votre graveur et configurer Nero manuellement avant que ce dernier puisse copier en mode Overburn. Vous trouverez probablement les spécifications de votre graveur dans sa documentation, mais pas forcément ! Il faudra parfois procéder à des tests manuels pour savoir quelle est la limite réelle de ce matériel !

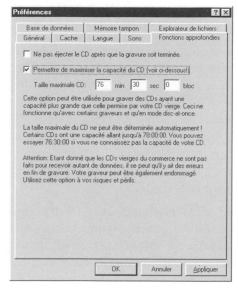

Figure 8.2 :
La configuration de
Nero.

Ces données en main, sélectionnez dans le menu Fichier le sous-menu Préférences. Depuis l'onglet Propriétés, option Fonctions approfondies, vous pourrez déclarer la taille maximale que le logiciel pourra exploiter.

Attention, cette taille correspond à ce que savent faire le logiciel et son graveur, mais elle ne modifie pas les possibilités d'un CD vierge (puisque ces derniers sont commercialisés en version 74 ou 80 minutes). N'essayez donc pas de graver 80 minutes de données sur un CD-R de 74 minutes. Encore que ces derniers puissent souvent recevoir... un peu plus !

En effet, vous pouvez partir du principe qu'il est possible de graver sur un CD de 74 minutes jusqu'à 76 minutes sans problème. Certains CD peuvent même aller jusqu'à

79,3 minutes ! Quant au CD de 80 minutes, il supportera facilement jusqu'à 82 minutes de données.

Dans tous les cas, n'essayez jamais de graver plus de 74 minutes sur un graveur non compatible overburning.

A propos des CD de 90 minutes

Bigre, pensera le lecteur surpris par tant de nouveauté : le standard du Red Book, c'est 74 minutes. Idem pour l'Orange Book. Pourtant mon graveur et Nero peuvent graver des disques de 80 minutes, et faire tenir jusqu'à 82 minutes dessus ! Où est la limite ?

Jetez donc un coup d'œil à l'interface de Nero : en bas, dans la règle des durées… Eh oui, ce sont 90 minutes qui sont affichées ! Dans l'absolu, si un graveur savait graver 90 minutes, et s'il était alimenté avec un CD-R certifié pour la même durée, Nero saurait donc graver 90 minutes ? La réponse est oui !

Attention : ces produits vont arriver sur le marché, mais sachez que cette durée, qui excède vraiment trop les standards du CD, va poser un certain nombre de problèmes. D'abord avec la plupart des lecteurs de CD et de CD-ROM qui seront totalement incapables de lire ce type de disques. Ensuite avec les graveurs qui ne seront pas nombreux à savoir les graver ! En d'autres termes, la gravure en 90 minutes avec Nero ne sera pas sans risques pour les matériels :

- Les lecteurs de CD ne sauront pas lire les disques.

- Les têtes de lecture des lecteurs de CD risquent de dépasser leur limite et d'endommager les mécanismes.

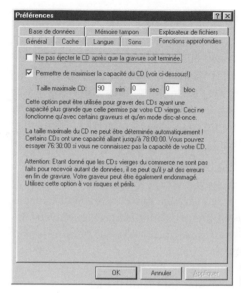

Figure 8.3 : En théorie, Nero pourrait graver des disques de 90 minutes !

- Le CD-R, dont la norme ne prévoit pas 90 minutes de données, risque d'être gravé avec des erreurs (secteurs à numéro négatif, alors qu'ils ne peuvent être numérotés que de 0 à 99).

La plupart de ces problèmes n'auront pas d'autres conséquences que de rendre les CD illisibles. Mais pas seulement : nous venons de le dire, des CD de 90 minutes mis en circulation pourraient endommager des lecteurs ou des enregistreurs. En d'autres termes, c'est comme l'over-clocking : il s'agit d'expérimentation, et il faudra faire très, très attention.

L'overburning peut-il endommager un matériel ?

Nous savons donc que les disques de 90 minutes pourraient endommager graveurs et lecteurs. Et en ce qui concerne les disques de 80 minutes, plus courants ? Car d'aucuns n'hésitent pas à clamer que toute forme d'overburning comporte un danger pour le matériel ! Mensonge pieux, destiné à préserver pour quelque temps encore la protection des disques du commerce overburnés…

Disons que si vous suivez scrupuleusement les spécifications des fabricants de graveurs, graver au-delà de la capacité d'un CD ne devrait jamais endommager le graveur. En revanche, si vous essayez de graver plus de 74 minutes sur des graveurs non prévus pour l'overburning, ou si le fabricant de votre graveur déconseille fermement cette technique, vous prenez un risque, inutile de le nier.

Côté lecteur de CD, la lecture d'un disque de 80 minutes ne devrait jamais poser de problème (ce qui est la moindre des choses, puisque les éditeurs utilisent cette technique pour protéger leurs disques !). Mais au-delà, attention.

Quoi qu'il en soit, personne ne peut garantir la qualité de lecture d'un CD overburné ni la survie d'un matériel à cette procédure ! Comme le dit l'interface de Nero, graver au-delà de la capacité d'un CD Red Book (74 minutes) est possible, mais à vos risques et périls !

Au chapitre de l'hypocrisie…

Pendant des mois, les industriels de la gravure, Philips et Adaptec en tête, ont clamé qu'ils n'ajouteraient jamais de fonction d'overburning sur leurs outils, pour ne pas encourager le phénomène de copie pirate. Passons sur Philips, qui criait sa vertu, mais affichait dès le début dans ses catalogues des graveurs capables d'overburning !

Le cas d'Adaptec est encore plus édifiant puisque tous ses logiciels récents supportent désormais la fonction d'overburning, et franchissent même une étape supplémentaire en explorant le monde des disques de 90 minutes !

En effet, l'overburning a toujours consisté en une copie de disques de plus de 74 minutes. Or, Adaptec — qui supporte ces tailles extrêmes — proclame toujours sur ses sites que ses outils ne fonctionnent pas en mode Overburn !

La copie des CD-ROM protégés

L'overburning est la méthode la plus ancienne de protection de disques : déjà avec les disquettes, les meilleurs industriels de la copie utilisaient des machines capables d'ajouter un secteur non standard. Les quelques minutes supplémentaires sur des CD industriels n'ont donc rien de spectaculaire ! En matière de protection, on sait faire beaucoup mieux :

• On peut altérer la structure du disque pour le rendre illisible et impossible à reproduire par un logiciel de copie. Cette solution, adoptée par les CD-ROM de console PlayStation, oblige le graveur domestique à copier en corrigeant les erreurs, et l'absence d'erreur signifie que le disque... est un faux (vous me suivez ?).

• On peut chercher à utiliser des standards de l'Orange Book inemployés, et donc peu à peu oubliés par les fabricants de matériels et de logiciels. C'est le principe de protection par subcode channels mis en œuvre depuis un ou deux ans.

Ces dispositifs de protection qui exploitent certaines fonctions non reproduites par les logiciels de gravure les plus classiques sont très en vogue, et désormais mis en œuvre sur quasiment tous les logiciels sur CD-ROM, en particulier les jeux. Voici leur nom et la manière dont ils se manifestent, en cas de copie :

- Safedisk (PC) provoque des erreurs de secteurs.

- Laserlock (PC) crée de mauvais secteurs.

- Securom (PC) lit des données dans les subcodes des pistes de données.

- Protect CD (PC) provoque des copies de TOC invalides.

- Unsure (PC) provoque des copies de TOC invalides.

La plupart de ces outils sont associés à des petits morceaux de logiciels, chargés de vérifier la présence ou non, sur la copie CD-R, des informations permettant d'identifier la protection. Et, bien évidemment, si la protection est de bonne qualité, les logiciels de gravure classique — Nero en fait partie — ne savent pas la copier !

La fonction Ignorer mauvais format de CD du module CD Copy de Nero ne doit donc pas vous faire rêver : elle n'est pas miraculeuse. Elle part simplement du principe que si, pendant une copie, Nero 5.0 rencontre une erreur, plutôt que d'interrompre la copie, il va se contenter de corriger l'erreur "au mieux", et de graver "quand même".

Essayez de graver une copie de CD-ROM protégé avec les mécanismes dernier cri en cochant cette option. Vous obtiendrez une merveilleuse copie, en apparence parfaitement fonctionnelle, que vous pourrez même installer sur votre disque dur dans certains cas, mais qui, pourtant,

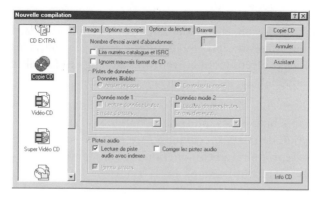

Figure 8.4 : La fonction de correction d'erreur de Nero.

refusera obstinément de fonctionner lors du fatidique passage Vérification de votre CD !

Mais alors, me direz-vous, pourquoi proposer cette fonction de copie avec correction d'erreur, si elle crée des CD qui ne servent à rien ?

Je vais vous faire une confidence : cette fonction Ignorer mauvais format... existe depuis la version 3 de Nero, et servait à copier des CD de console PlayStation. Ces mêmes CD copiés n'étaient lisibles qu'une fois ladite console équipée d'un processeur spécial, le modchip. (Vous trouverez toutes les informations sur la copie de CD PSX et le modchip dans un autre de mes ouvrages *Le Magnum Gravure des CD et DVD*, chez le même éditeur.)

Arrivés ici, posons-nous la seule et véritable question concernant les polémiques déclenchées jadis — et encore vivaces aujourd'hui — par le module de copie de Nero 5 : cet outil est-il, oui ou non, le meilleur logiciel pour copier des CD protégés ? Evidemment, la réponse est non !

C'était sans doute le cas en 1999, lorsque la seule protection connue consistait en un dépassement de taille standard (overburning sur 76 à 80 minutes), mais, en 2002, ces modes de protection ont été renvoyés au rang de bidouilles pour amateurs !

Les dispositifs de protection actuels utilisent d'autres méthodes bien plus sophistiquées : altération de subcode, utilisation de pistes spécifiques. A ce jour, un seul logiciel sait les reproduire, en conjonction avec des graveurs particuliers : c'est l'outil Clone CD.

Où trouver des informations sur Clone CD ?
Si vous souhaitez compléter les fonctions de copie de Nero 5 et 5.5, nous vous conseillons d'adopter le logiciel Clone CD, qui en sera le compagnon parfait. Il vous suffira de l'installer après Nero pour que ce dernier reconnaisse votre graveur. Vous trouverez de nombreuses informations relatives à Clone CD sur le site de l'auteur (**martignan.com/ echarton**) et dans l'ouvrage *Le Magnum Gravure des CD et DVD*, aux éditions CampusPress. Vous pourrez également télécharger ce logiciel depuis le site de l'auteur.

Le module CD Copy en pratique

Et en pratique, la copie, comment ça marche ? Simple : il suffit d'exploiter le module CD Copy de Nero. Il s'agit d'une sorte de modèle de projet de gravure dont la particularité sera de reproduire un disque, autant que possible à l'identique de l'original. Pour cela, CD Copy va analyser le disque original, évaluer le nombre de pistes qu'il contient, la forme qu'ont adoptée ces pistes (mode 1 ou 2 pour un

CD-ROM, mode DA pour un CD audio, mode 2 pour un CD vidéo), et les reproduire sur un disque vierge.

Copie de disques en général

Pour activer le mode Copie CD, sélectionnez l'icône Copie CD dans la fenêtre Nouvelle compilation au démarrage de Nero. Si votre logiciel est déjà actif, cliquez sur l'icône Copie CD dans la barre d'outils ou déroulez le menu Fichier, option Nouveau. Dans le mode Copie CD, seul l'onglet de propriétés Gravure apparaît.

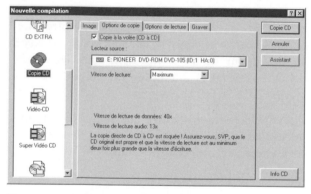

Figure 8.5 : L'onglet Options de copie de gravure du mode Copie CD.

Dans l'onglet Options de copie, choisissez la méthode de copie que vous désirez. Vous avez le choix entre :

- **Copie à la volée de CD à CD.** Assurez-vous que votre lecteur est au moins dix fois plus rapide que votre mode de gravure. Lecteur 40× pour une gravure en mode 4×, par exemple. Signalons que les lecteurs de DVD sont souvent très rapides en matière d'extraction audio lorsqu'il s'agit de copier un CD audio.

- **Copie indirecte.** C'est-à-dire en passant par la création d'un fichier image sur le disque dur.

> Si vous avez choisi de faire une copie à la volée et si votre lecteur de CD-ROM n'apparaît pas sur la liste, cela signifie qu'il n'est pas encore supporté par Nero.
>
> Dans ce cas, pour que Nero tente de l'identifier, sélectionnez la commande Auto-détection de lecteur CD-ROM dans le menu Enregistreur CD. Si l'identification est réussie, vous pourrez utiliser à l'avenir votre lecteur de CD-ROM.

- Insérez le CD que vous voulez copier dans votre enregistreur. Si vous avez choisi de faire une copie à la volée, insérez bien sûr le CD source dans votre lecteur de CD-ROM ou de DVD-ROM et un CD vierge dans votre graveur.

- Dans l'onglet Graver, vérifiez que toutes les options validées par défaut vous conviennent. Nombre de copies, vitesse, éventuellement simulation.

- Appuyez sur le bouton Copie CD.

Toutes les étapes sélectionnées s'enchaîneront en séquences jusqu'au processus final d'écriture. Pour vous permettre de suivre les opérations, une fenêtre d'état affiche la liste de toutes les étapes. A la fin, le message "Le processus de gravure s'est terminé avec succès à [vitesse]." s'affiche, puis le CD est éjecté.

La durée du processus de copie dépend en grande partie des performances de votre ordinateur (contrôleur SCSI, système d'exploitation, vitesse d'écriture du CD, temps d'accès aux disques durs), ainsi que de la quantité d'informations à copier. Par ailleurs, n'oubliez pas de déconnecter l'ordinateur du réseau, de désactiver l'écran de veille et surtout de fermer toutes les applications en cours d'exécution. Ces précautions diminuent en effet les risques d'interruption de la procédure de gravure.

Copie de disques overburnés

Si vous procédez par extraction sur le disque dur, le module de copie de Nero analysera automatiquement le disque et déterminera si sa longueur est de plus de 74 minutes. Dans ce cas, il extraira une image ISO sans se soucier de rien (si votre graveur est compatible), et il l'enregistrera sur le disque.

Il ne vous restera plus qu'à réinscrire cette image sur un support de 80 minutes !

En cas de copie en mode Disque à disque, Nero ne fera aucun test, et gravera la copie en temps réel, sans se soucier du média vierge, ni des limites de durée définies dans le menu Préférences. Ce qui sous-entend que si vous tentez de copier un CD overburné et que le média vierge soit standard (74 minutes), la copie sera ratée. N'en voulez pas à Nero : il est totalement impossible de savoir si un CD original est overburné avant de l'avoir lu entièrement.

Moralité, pour éviter de gâcher du média, mieux vaut en matière d'overburning passer par le disque dur !

Copie de disques avec d'anciennes protections

Une des anciennes protections consistait à insérer dans les disques industriels des pistes de moins de quatre secondes. Ces pistes n'étaient pas reproductibles par Nero dans ses versions antérieures à la 4.x, pas plus d'ailleurs que par les autres logiciels de cette génération.

Si vous possédez l'une de ces vieilles versions de Nero, la seule solution est la mise à jour (chaudement recommandée) ou l'utilisation de la fonction Copie : déroulez le menu Fichier, option Copie de CD, insérez le disque dans le lecteur de CD-ROM et le disque vierge dans le graveur. Cliquez sur le bouton Copie CD.

A partir de la version 4, le module CD Copy est parfaitement adapté. Ma préférence va à la création d'une image ISO sur le disque dur ou à la copie directe de disque à disque.

1. Lancez votre logiciel.

2. Déroulez Fichier, option Copie CD.

3. Dans l'onglet Options de lecture, sélectionnez les cases Lire catalogue et Ignorer mauvais format de CD.

4. Lancez la gravure !

Cette méthode vous permettra de copier toutes les anciennes protections et de reproduire les disques récents, mais pas forcément de faire fonctionner les copies de sécurité ainsi créées. Si vous copiez des CD PSX par exemple, il faudra quand même que votre console soit équipée d'un mod-

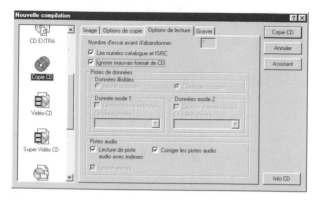

Figure 8.6 : La copie de CD avec d'anciennes protections.

chip, et si vous copiez des CD de jeux récents (Midtown Madness, Age of Empire), votre copie ne sera pas fonctionnelle sans le disque original.

Chapitre 9

Les disques réinscriptibles

Après toutes les gravures classiques que nous venons de passer en revue, il est temps d'examiner une autre forme d'utilisation du graveur, dans laquelle Nero, depuis sa version 5, excelle plutôt !

Nous parlons bien évidemment de la gravure "réinscriptible" qui utilise le média CD-RW. Désormais, la quasi-totalité des graveurs offre cette possibilité, et il est donc très probable que le vôtre en soit lui aussi équipé !

Mais, au fait, qu'est-ce qu'un CD-RW ? *A priori*, il s'agit d'un disque compact que l'on peut enregistrer (R comme Record) et écrire (W comme Write). C'est en tout cas ce qu'on lit souvent, y compris dans les documentations de quelques graveurs. A la lecture de cette brillante affirmation, vous vous apercevez pour la première fois de la consternante nullité de cet acronyme !

Franchement, vous ne vous êtes jamais demandé à quoi peut bien servir un lecteur qui enregistre et qui écrit ?

Non ? Vous auriez dû, pourtant... Vous en auriez déduit que tout graveur de CD-R est un lecteur qui écrit et qui enregistre. Et vous en auriez conclu que CD-RW, abréviation de "Read Write", ne veut strictement rien dire.

En réalité, le vrai nom de la technologie RW, c'est ReWriteable. A l'origine, on l'appelait d'ailleurs CD-E pour CD Erasable, c'est-à-dire CD effaçable : c'est déjà plus clair, non ?

Le graveur CD-RW est donc un appareil capable d'exploiter des disques réinscriptibles, à l'inverse de la fonction CD-R de ce même graveur, qui veut dire enregistrable (le R de Record), mais une seule fois. Vous flairez déjà toutes les applications d'un CD réinscriptible à volonté, non ?

"Fabuleux, pensez-vous, je vais pouvoir jeter mes disquettes à la poubelle ?"

Oui ! Et peut-être même vos archaïques supports de sauvegarde à bandes ou vos Zip dans la foulée ! Et pourquoi pas votre lecteur de cassettes audio, et jusqu'à votre vieux magnétoscope VHS totalement has been.

Parce qu'avec Nero, c'est moi qui vous le dis, le CD-RW c'est vraiment génial !

La technologie

Pour bien comprendre le fonctionnement de ce média, consacrons quelques lignes à l'étude de sa technologie. Premier point, le CD-RW est défini par l'Orange Book : il s'agit donc d'un standard, au même titre qu'un CD-ROM ou un CD audio. Pour préciser, ajoutons que c'est dans le Chapitre III de l'Orange Book que le CD-RW est présenté.

Et pourtant, ce chapitre de l'Orange Book décrit *a priori* tout sauf un système de média réinscriptible pour PC ! Son propos était de permettre la naissance d'appareils de copie de CD audio de salon. En clair, de faire émerger un nouveau standard de cassettes audio ! Nous verrons d'ailleurs que le but est atteint, mais que c'est le PC qui remplace l'appareil de salon !

Bref, l'idée était de renouveler le parc d'enregistreurs de cassettes, exactement selon le même processus que celui qui a envoyé toutes nos platines vinyle au grenier : on remplace le lecteur de cassettes par un lecteur-enregistreur de CD-RW. Avantage, on garde les royalties sur les médias (les disques CD-RW), avant même que le brevet sur les cassettes audio ne tombe dans le domaine public : "Business is business". Passons…

Il semblerait que le programme ne se soit pas déroulé comme prévu, puisque les machines CD-RW DA de salon (commercialisées essentiellement par Philips) n'ont trouvé qu'une poignée d'acquéreurs. Bref, les utilisateurs de PC se sont une fois de plus approprié une technologie qui ne leur était pas destinée !

Comment ça marche ?

Mais revenons concrètement au principe d'inscription et d'effacement du CD-RW, qui est dit "de changement de phase". Pour bien comprendre ce principe, arrêtons-nous un instant sur la forme matérielle d'un CD-RW : la couche gravée du disque est de type métallique. Le métal utilisé est un alliage d'argent, d'indium, d'antimoine et de tellure (ce qui donne, pour les experts, la formule Ag-In-Sb-Te).

Ça vous fait une belle jambe ? C'est pourtant essentiel ! Au repos, c'est-à-dire à température ambiante, l'alliage a un état amorphe. Mais si l'on chauffe une petite zone de sa surface, cette dernière passe du stade amorphe à l'état cristallin.

On voit ainsi que le procédé d'inscription sur CD-RW n'est plus photographique, comme sur le CD-R, mais thermique. Le rayon laser est tout autant capable de chauffer une petite zone (celle du CD-E) que de l'éclairer (celle du CD-R) : c'est donc un laser de grande puissance qui se charge de l'inscription des données.

Vous comprenez l'intérêt ? Amorphe, c'est plat, c'est réfléchissant, c'est 0 ; cristallin, ça dévie, c'est 1 ! Nous avons donc la possibilité de créer des cuvettes et des bosses, des 0 et des 1, sur un média identique à un CD-R, mais dont la surface peut être remodelée à volonté (mais pas à l'infini).

Exactement comme sur un CD industriel ou avec un CD-R, ces cuvettes et ces bosses produisent une présence ou une absence de réflexion lorsqu'elles sont balayées par un laser. C'est donc un rayon de faible intensité qui lit la piste du disque, et le résultat de la réflexion est capté par une diode photo qui, comme sur un lecteur de CD-ROM, traduit des suites de présence et d'absence de bosses (les 0 et les 1).

Mais attention, fonctionnement identique ne veut pas dire compatibilité…

Alors que le pouvoir réfléchissant des couches métalliques des CD-R et des CD-ROM est de l'ordre de 70 % (le minimum décrit par l'Orange Book est de 65 %), celui des CD-RW est de l'ordre de 15 % à 20 %. En conséquence, le seuil de lecture des cuvettes gravées (opaques) est abaissé, et le lecteur de CD-ROM classique est incapable de différencier les reliefs. C'est pour cette raison qu'un lecteur du commerce est parfois incapable de lire un CD-RW.

Ce problème de réflexivité est la seule cause d'incompatibilité entre CD-RW et lecteur de CD-ROM (ou de CD audio), ou encore entre un CD-RW et un lecteur de CD vidéo ou de DVD de salon. Nous y reviendrons.

Le CD-RW est-il un vrai CD ?

Arrivé ici, sachez que, hormis cette différence de support physique, les informations gravées sur un CD-RW le sont exactement de la même façon que lors d'une gravure sur un CD-R ou un CD-ROM. La capacité maximale d'un CD-RW standard est d'ailleurs de 74 minutes ou 650 Mo. Ce n'est qu'après la gravure que le CD-RW et son contenu deviendront plus ou moins différents d'un CD-R : plus ou moins ? Eh oui !

Si vous gravez un CD-RW en adoptant un modèle de CD audio, aucune différence entre un CD-R et un CD-RW.

En revanche, dès que vous utiliserez un CD-RW comme un disque dur (c'est possible) ou comme une disquette entièrement manipulable et effaçable, il n'existera plus aucun rapport entre un CD-RW et un CD-R. A tel point d'ailleurs que, sans un pilote complémentaire, Windows ne saura même pas reconnaître votre disque !

En effet, pour permettre l'effacement des données comme sur un disque dur, il n'est plus possible de se contenter d'un système de gestion de fichiers standard de Windows figé sur un CD-R (ISO 9660 High Sierra — voir Chapitre 4 pour plus d'informations). Il faut un système dynamique, qui supporte les accès, les modifications et les restructurations.

Nous avons donc deux cas de figure à envisager :

- Vous souhaitez utiliser un CD-RW comme un CD-R réinscriptible de temps en temps. Il faudra donc le graver comme un CD-R, mais votre logiciel devra être équipé d'une fonction permettant de l'effacer puis de le regraver ! Nero sait le faire !

- Vous souhaitez utiliser un CD-RW comme une disquette. Il faudra alors être en mesure de faire glisser des fichiers depuis le système sur une icône de disque, et ce même système devra par ailleurs être capable d'accéder à tout ou partie du disque pour supprimer un fichier, réorganiser ou renommer un répertoire. Nero sait le faire aussi !

Ce qui nous amène à la seconde facette technologique du CD-E : l'effacement !

Le potentiel d'inscription d'un CD-RW

Nous avons vu que le procédé d'inscription est thermique : sous l'effet de la chaleur, le métal amorphe devient cristallin. Comme tout métal, il suffit de le chauffer à une autre température pour que de l'état cristallin, il redevienne amorphe ! C'est aussi simple que cela : une température pour graver, une pour effacer, en changeant chaque fois l'état du métal. C'est exactement le principe de fonctionnement d'un disque dur, mais avec une autre technologie :

- La tête de lecture-écriture du disque dur change les propriétés d'un support magnétique.

- Le laser du CD-E modifie les propriétés d'un support métallique.

Combien de fois ? Question essentielle : si la "disquette" est bonne à jeter après trois écritures, nous sommes mal partis...

Des tests réalisés par la firme Matsushita ont démontré qu'un alliage tel que celui du CD-E pouvait être écrit et effacé plus d'un million de fois. Attention, le chiffre est impressionnant mais, à l'échelle d'un appareil numérique, malheureusement limité : nous écrivons chaque jour des millions d'octets sur nos disques durs, ne l'oublions pas...

En l'état actuel de la technologie, le support CD-E est considéré comme difficilement utilisable en tant que média en ligne, mais tout à fait fiable en tant que support de stockage réinscriptible. En clair, utilisé comme un disque dur, le CD-E sera fiable quelques jours ou quelques semaines à peine, mais exploité comme une sauvegarde entièrement effacée et inscrite une fois chaque jour, il fonctionnera... peut-être un million de jours ! Un million de compilations CD-RW DA, vous imaginez ? Votre enregistreur de cassettes n'a jamais fait aussi bien, non ?

Il serait techniquement possible d'augmenter la fiabilité du média en modifiant son alliage ; malheureusement, plus c'est compliqué, plus c'est cher. Il est donc probable que nous retrouverons à court terme sur le marché des disques de plus ou moins bonne qualité dans une fourchette de prix adaptée.

Le CD-RW avec Nero

La gravure de CD-RW est donc toujours basée sur le même principe, utiliser un procédé photographique pour inscrire ou effacer des données. Ensuite, c'est le logiciel qui fait la différence : il peut, selon la volonté de son concepteur, graver un disque réinscriptible comme il graverait un CD-R classique, ou encore exploiter le CD-RW comme un disque dur, avec possibilité de faire glisser des fichiers depuis l'Explorateur de Windows.

Et, bien évidemment, Nero et ses outils associés gèrent ces deux possibilités. Examinons-les en action ! Arrivé ici, vous devez commencer par différencier deux types de gravure :

- La gravure d'un CD-RW en entier, effaçable en entier. Dans ce cas, c'est l'interface de Nero 5 et 5.5 qui sera utilisée.

- La gravure d'un CD-RW avec accès aux données, comme sur une disquette. Il faudra alors exploiter un module extérieur de Nero, qui ajoutera au système la fonction Ecrire sur un graveur comme sur une disquette. Avec Nero 5 et 5.5 ce module est appelé InCD. Il faudra aussi que le CD soit gérable en tant que média réinscriptible. Sa structure peut être organisée à loisir (ce qui n'est pas le cas avec un CD-R).

La gravure effaçable avec Nero et un CD-RW

Commençons donc avec des gravures classiques exploitant des modèles (CD vidéo, CD audio, CD-ROM) qui auront pour seule particularité d'être gravés sur disque effaçable.

Pour réaliser ces gravures, nous utiliserons l'interface classique de Nero. Celle-ci prévoit en effet quelques fonctions qui vont rendre possible la gravure de formats habituellement réservés aux CD-R sur CD-RW.

Comment Nero procédera-t-il pour graver un disque répondant aux modèles habituels du CD-R sur un CD-RW ? A vrai dire, exactement comme avec un CD-R ! Vous préparez votre modèle, vous faites glisser vos fichiers, vous lancez une gravure tout à fait classique (en utilisant le menu Fichier, sous-menu Graver le CD), et Nero vous demande d'insérer un disque vierge. A ce stade, le logiciel analyse le disque supposé vierge, exactement comme dans le cas d'un CD-R, et rencontre deux situations.

- Le CD-RW est complètement vierge, Nero grave comme s'il avait affaire à un CD-R.

- Le CD-RW contient déjà des données ou un formatage (lire l'encadré suivant sur les disques préformatés), et Nero considère qu'il a affaire à un disque déjà utilisé. Il refuse de graver, comme il le ferait dans le cas d'un CD-R déjà utilisé.

Simple, non ? Bien évidemment, cette gravure exploitant l'interface de Nero répond aux normes de la gravure sur CD-R, même sur un CD-RW. Vous ne pourrez donc pas revenir ultérieurement sur les données enregistrées comme avec un disque dur. Tout au plus pourrez-vous ajouter une session à votre CD-RW, comme sur un CD-R, si vous n'avez pas coché la case Finaliser le CD (écriture ultérieure impossible !).

astuce

A propos des disques préformatés

Un CD-RW, lorsqu'il est utilisé comme une disquette, doit être formaté : il faut que le système de gestion de fichiers soit présent sur le disque pour que le pilote OSTA UDF puisse l'exploiter sous Windows. C'est pour supprimer cette fastidieuse opération de formatage que certains fabricants de médias ont décidé de commercialiser des disques CD-RW vierges préformatés : c'est le cas par exemple des CD-RW 650 DF de marque Sony. Problème : lorsque Nero Burning Rom rencontre ce type de disque, il déduit que le média n'est pas vide ou que son format n'est pas compatible, et refuse de graver.

Vous pourrez contourner cette difficulté en effaçant le disque avant de le graver à l'aide de la fonction Effacer le CD-RW du menu Graveur.

Effacer un CD-RW

Arrivés ici, nous avons donc… un CD gravé sur un disque effaçable ! C'est là que l'interface Burning Rom de Nero 5.x devient vraiment intelligente : elle propose en effet dans le menu Graveur une option Effacer le CD réinscriptible. Nous allons donc pouvoir ramener notre disque à son état initial, c'est-à-dire vierge, en utilisant tout simplement l'une des deux fonctions du menu d'effacement Effacer entièrement ou Effacer rapidement. Cochez, cliquez, et Nero vous demande d'insérer votre CD-RW à effacer dans le lecteur : quelques minutes, et votre disque est prêt à être gravé une nouvelle fois !

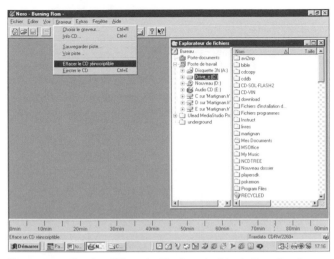

Figure 9.1 : L'option Effacer le CD réinscriptible de Nero Burning Rom.

Les différences entre effacement total et effacement partiel

Arrêtons-nous ici sur les deux procédures d'effacement que propose Nero. Comment choisir l'une ou l'autre des deux fonctions présentées par les cases à cocher de ce menu, à savoir Effacer entièrement et Effacer rapidement ? A vrai dire, pour l'utilisateur de base, il existe peu de différences entre les deux options !

Ces différences tiennent essentiellement à des motifs de sécurité. Car, sur un plan purement technique et pratique, la fonction Effacer rapidement, qui efface effectivement cinq à dix fois plus rapidement, rend un disque totalement vierge et prêt à graver ou à formater !

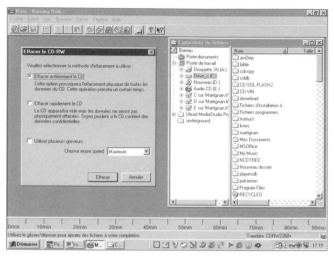

Figure 9.2 : Les deux options du menu d'effacement.

Concrètement, la fonction Effacer entièrement demande au graveur, à travers ses fonctions système, de supprimer non seulement les pistes, mais également les données qu'elles contiennent, alors que la fonction Effacer rapidement se contente de supprimer les informations relatives aux pistes, sans les détruire physiquement sur le disque.

La conséquence de cette dernière option est donc qu'un CD-RW effacé partiellement contient des données fantômes, qu'un logiciel approprié sait théoriquement ressusciter. Ces données fantômes sont probablement peu sensibles s'il s'agit de vos photos de vacances, ou des missives amoureuses que vous envoyez à longueur de journée, mais très embarrassantes si vous craignez une descente de police suite à des activités illicites.

J'imagine que comme moi, vous n'avez rien à cacher, et que vous vous contenterez donc de la fonction Effacer rapidement pour gagner du temps. En revanche, les voyous et les membres des services secrets auront tout intérêt à perdre un peu de temps, et ils opteront pour Effacer entièrement. Ce qui méritait d'être dit pour mes nombreux lecteurs de la CIA, de la DGSE, de la PJ et du KGB !

La gravure comme sur une disquette avec InCD ?

Cette gravure sur CD-RW comme sur un CD-R est très séduisante, mais, nous venons de le voir, Nero, avec son interface Burning Rom, peut uniquement graver des disques entiers, ou les effacer. Nous sommes très loin du principe d'un lecteur de disquettes ou d'un disque Zip, qui nous laisse choisir les fichiers, créer des répertoires, les effacer, et tout cela à volonté.

Pour transformer un graveur et ses CD-RW en similidisquettes, il faut donc d'autres solutions. Ces solutions impliquent l'utilisation d'un logiciel capable d'écrire sur le CD réinscriptible par morceaux.

Pas clair ? C'est pourtant le cœur du problème de l'utilisation d'un graveur en tant que superlecteur de disquettes. Explications !

Nous l'avons vu, en dehors de la technologie — récente — dite Burnproof, un graveur n'est pas capable d'écrire séquentiellement sur un disque : une fois que le laser est lancé, toute la session doit être gravée dans son intégralité. Si, pour une raison ou une autre, le laser ne peut recevoir les données suffisamment rapidement, un message d'erreur est renvoyé par le graveur. Le processus est interrompu, et le média, perdu !

Pas vraiment compatible avec le principe lecteur de dis-quettes, qui veut que vous puissiez écrire un fichier, renommer un répertoire, déplacer ou effacer des données, à loisir et dans le détail !

Pourtant, étant réinscriptible, le CD-RW devrait permettre ce genre de manipulation : c'est le rôle de la fonction Packet-Writing, ou écriture par paquets, en vigueur sur quasiment tous les graveurs depuis maintenant trois ans.

C'est cette fonction d'écriture par paquets qui a rendu l'avènement de logiciels de gestion de graveurs en tant que superdisquettes possible. Le premier de ces outils était DirectCD d'Adaptec, qui utilisait le fameux mode d'orga-nisation de fichiers OSTA UDF.

InCD est le module équivalent avec Nero (livré sur le CD de Nero), qui va agir comme outil d'écriture par paquets : c'est pour ce motif qu'on parle de packet software.

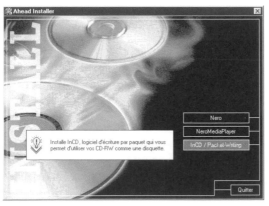

Figure 9.3 : Installation du module InCD.

La norme OSTA UDF

Dans le texte, l'OSTA UDF est l'association des technologies de stockage optique pour un format de disque universel. Bref, un groupe de constructeurs et d'éditeurs qui ont cherché à créer un format standard en vue de remplacer les lecteurs de disquettes par des graveurs CD-RW et des lecteurs de CD-ROM compatibles CD-E. La version actuelle de l'OSTA UDF est la 1.5, et elle répond à la norme ISO 13346.

Le rôle d'InCD est simple : il ajoute au système Windows un ensemble de fonctions de lecture et d'écriture sur CD-RW qui permettent d'accéder aux secteurs (et par voie de conséquence aux fichiers qu'ils contiennent) individuellement. Ce sont ces fonctions qui seront ensuite exploitées par l'Explorateur de fichiers pour gérer le CD-RW comme une disquette.

Ce qui signifie qu'une fois InCD installé (depuis le CD-ROM de Nero), vous n'avez plus besoin de l'interface Burning Rom pour accéder à votre CD-RW : c'est l'Explorateur de Windows qui sera exploité.

En pratique

En pratique, une fois InCD installé, le processus d'utilisation devient très classique : nous devrons formater le disque pour le rendre compatible avec le système d'organisation de fichiers OSTA UDF, puis nous l'utiliserons en ligne pour écrire et lire des données.

Bien évidemment, le module InCD est payant : en d'autres termes, ce n'est pas parce que vous donnez un CD-RW formaté avec InCD à votre voisin de palier que ce dernier

Figure 9.4 : Avec InCD, l'accès à un CD-RW passe par l'interface de Windows.

pourra automatiquement lire et écrire ses fichiers. Il ne pourra le faire que si sa machine est elle-même équipée d'un système de gestion OSTA UDF complet. Dans le cas contraire, il devra se contenter de lire les données à l'aide du logiciel de lecture seule OSTA UDF livré avec Nero 5. Nous allons y venir.

La première étape consistera à installer InCD : c'est la seule difficulté, car ce logiciel n'est pas compatible avec tous les graveurs du marché. Voici les conditions indispensables pour faire fonctionner InCD en tant qu'outil de gestion de CD-RW :

- Etre équipé d'un graveur CD-RW (ne riez pas, j'ai récemment "réparé" à Manchester un ordinateur équipé d'un lecteur de CD-ROM sur lequel un utilisateur ne comprenait pas pourquoi il pouvait lire ses CD-RW, mais pas les graver…).

• Disposer d'un des systèmes d'exploitation suivants :

– Windows 95 (à partir de la version B OSR/2) ;

– Windows 98 ;

– Windows Me.

Ahead fournit à cet effet une liste fréquemment mise à jour sur **http://www.ahead.de/incd_supported_recorders.htm**. Un conseil, avant de vous acharner à essayer de comprendre des messages d'erreur pendant une gravure de CD-RW, évitez de perdre des heures à en chercher la cause du côté de votre configuration, et contentez-vous de vérifier que votre graveur est compatible…

La gestion du disque

Le logiciel InCD installé, il vous faudra formater vos disques vierges en insérant le disque dans votre graveur, en déroulant le menu contextuel et en validant l'option de formatage.

Une fois votre disque formaté, il vous suffit d'insérer le CD-RW dans son graveur pour exploiter ce dernier. Effacez, lisez, ajoutez, bref, gérez votre disque comme une disquette !

La lecture du disque

Un CD-RW formaté avec OSTA UDF 1.5 est lisible dans un lecteur de CD-ROM et dans un graveur, si cette norme est reconnue par le système. Vous pouvez livrer directement sur votre CD-RW ce pilote, ce qui assurera sa lecture sur n'importe quelle station. Le pilote OSTA fourni sur le CD de Nero 5.5 dans le répertoire UDF Reader est librement distribuable.

Si vous êtes équipé de Nero 5, vous devrez en revanche télécharger ce lecteur sur :

http://www.nero.com/en/download.htm.

Signalons que tous les disques formatés OSTA UDF avec la version 1.5 de la norme OSTA UDF sont compatibles avec InCD ou avec le lecteur OSTA UDF de Nero. Ce qui signifie que vous pouvez sans difficultés lire et écrire sur des disques formatés avec Adaptec DirectCD lorsque InCD est installé sur votre PC.

Nero 5 et Nero 5.5 n'offrent pas la même version d'InCD
Par défaut, Nero 5.5 est livré avec InCD 2.0 et un lecteur OSTA UDF qui supporte la norme UDF 1.5. Vous pouvez donc utiliser votre CD tel que.

En revanche, Nero 5.0.x est livré avec InCD 1.6, qui manque parfois de convivialité, reconnaît mal de nombreux graveurs, et en oublie d'autres. Nero 5.0.x n'est par ailleurs livré avec aucun lecteur OSTA UDF. Si vous êtes équipé de cette version, passez à la version 5.5 ou téléchargez gratuitement InCD 2.0 et son pilote UDF depuis le site **http://www.ahead.de**.

La gravure de format CD-R sur CD-RW

Arrivés à la fin de ce chapitre, nous savons que Nero peut utiliser les disques CD-RW comme des disquettes, avec InCD et le mode Packet-Writing ou comme des CD-R effaçables, *via* son interface Burning Rom.

Rien ne différencie un CD-RW d'un CD-R, hormis la structure des couches photosensibles de ces disques. En théorie, donc, rien ne vous empêche de graver sur un CD-RW tous les formats d'un CD-R : CD vidéo, CD audio, CD-ROM, tout est permis ! Et bien évidemment, Nero 5 le fait sans aucune difficulté !

Les applications de ces gravures "acrobatiques" (puisque non prévues par les standards des graveurs) sont évidentes. N'étant plus figé comme un CD-R, le disque devient recyclable comme un média magnétique. Ainsi, au lieu de graver une compilation CD audio pour la lire en voiture ou avec un Discman (lecteur de CD audio portable) sur un CD-R à jeter, il devient possible de la graver sur un CD-RW, de l'effacer, ou de la modifier. Même promesse en matière de CD vidéo : gravées sur CD-RW, les séquences d'un Caméscope DV ou Hi 8 traitées sur PC trouveraient sur un disque réinscriptible la même souplesse fonctionnelle (la qualité en plus) que lorsqu'elles sont retranscrites sur une cassette vidéo VHS. Nous aurions donc là plus de souplesse et des économies à la clé !

En pratique ça marche ? La gravure oui ! Nous avons gravé sur CD-RW des disques audio et des CD vidéo, que nous avons effacés puis gravés par la suite sans aucune difficulté.

Le problème ne vient pas de la gravure : c'est plutôt du côté de la lecture que les difficultés apparaissent. Evacuons d'emblée le PC et ses lecteurs de DVD-ROM et de CD-ROM : tous ou presque désormais savent lire les CD-RW. En revanche, il n'en va pas de même avec les appareils de salon. Quelques essais de lecture :

- lecture d'un CD-RW audio et vidéo sur un lecteur de DVD de PC Pioneer LaserMemory : lecture parfaite ;

- lecture d'un CD-RW audio sur un lecteur de CD audio de salon Philips : CD non reconnu ;

- lecture d'un CD-RW audio et vidéo sur un lecteur de DVD vidéo de salon Grundig : CD reconnu (en mode CD vidéo et CD audio).

Que déduire de ces essais ? Que si la lecture d'un CD-RW et de son contenu est toujours acquise sur un PC, elle l'est beaucoup moins sur les appareils de salon.

La raison est connue : nous en avons parlé au début de ce chapitre, les CD-RW utilisent une couche photosensible spécifique qui, pour être lue exige la présence d'un spectre laser spécifique. Et ce spectre n'est présent que dans le cas des lasers multiread.

Ce laser multiread sera presque toujours présent dans les appareils domestiques ou nomades (lecteurs de CD de voiture ou Discman) haut de gamme. Beaucoup plus rarement dans les appareils vendus à bas prix. En ce qui concerne les lecteurs de DVD vidéo, il semble d'après nos essais que la plupart des appareils de salon capables de lire des CD-R savent aussi lire des CD-RW (nous reviendrons sur les interactions entre DVD et CD-R dans les chapitres suivants de cet ouvrage, consacrée à la vidéo). C'est déjà ça !

*Chapitre***10**

La vidéo

Il a fallu attendre la version 5 pour que Nero entre dans le monde de la création de CD vidéo. Avant d'aller plus loin, précisons dès ce chapitre ce qu'est exactement un CD vidéo, à ne pas confondre avec un "CD contenant de la vidéo". Car rien ne vous empêche, après tout, de créer un projet de CD-ROM avec Nero et de faire glisser sur l'une de ces pistes un fichier contenant de la vidéo : une séquence AVI créée avec un logiciel sous Windows, par exemple.

Vous pouvez même demander à Nero de graver la piste qui contient ce fichier vidéo en mode 2, pour exploiter les spécifications du Yellow Book, section XA (vues au Chapitre 6), et optimiser la lecture du disque. (Pour mémoire, les pistes en mode 2 n'ont pas de protocoles de correction d'erreur. Elles sont donc plus rapides à lire et offrent plus d'espace pour stocker les données.)

Oui ! Vous pouvez créer ce type de CD avec Nero — depuis sa version 1, d'ailleurs — mais vous obtiendrez un CD-ROM contenant une vidéo, pas un CD vidéo ! Car le CD vidéo est un standard très précis, établi par Philips, pour des lecteurs de salon.

A terme, ces lecteurs capables de lire avec une qualité VHS, un CD classique gravé avec des contenus vidéo devaient remplacer les magnétoscopes. Malheureusement, le standard a fait long feu, et il est impossible aujourd'hui de se procurer ces lecteurs. Pas plus, d'ailleurs, pour leurs malheureux acquéreurs, qu'il n'est possible de trouver dans le commerce des disques pour les alimenter.

Quel avantage alors, me direz-vous, à respecter un standard obsolète ? Pourquoi ne graverions-nous pas des CD contenant de la vidéo ? Parce qu'entre-temps, un nouveau standard de lecture de disques vidéo de taille CD est arrivé dans nos salons, c'est le DVD vidéo. Et figurez-vous que ce lecteur est parfois (pas toujours) capable de lire des CD vidéo ! Et même des CD-R vidéo !

Vous me suivez ? Votre graveur, grâce au lecteur de DVD de salon, est désormais capable de graver sur CD-R des copies de films haute qualité, extraites de cassettes VHS, de Caméscopes, ou pourquoi pas, de DVD vidéo… Devant un tel potentiel, évidemment, les ingénieurs d'Ahead ont craqué. Ils ont ajouté dans Nero 5.0 deux modèles de gravure CD vidéo (le second est SCDVidéo, nous y reviendrons), et dans Nero 5.5 des modèles complets de création (interfaces à menus comprises).

Mais nous n'en sommes pas là : commençons donc par examiner ce fameux standard des CD vidéo.

Les normes de CD vidéo

Le Video-CD V2.0 (VCD) est un standard qui définit le stockage de données vidéo sur un CD. Il prévoit également quelques possibilités de gestion interactive du contenu sous forme d'interfaces à menus (comme sur un DVD vidéo). C'est le White Book qui définit ce standard.

Sur un Video-CD 2.0, les flux vidéo et audio sont compressés avec le format MPEG-1, Audio Level 2. Ce mode de compression se contente d'une vitesse de lecture de données du film à la vitesse normale de 1× (150 Ko par seconde).

Ce format de compression tolérant, par ailleurs, et sans difficultés, quelques erreurs de lecture, l'espace utilisé d'habitude pour les codes de correction d'erreur par les pistes, devient inutile. Ce sont donc les pistes en mode 2 qui sont systématiquement adoptées pour le stockage des données vidéo. La capacité d'un VCD est donc de 13 % supérieure à celle d'un CD de données.

Les pistes en mode 2 reçoivent directement le contenu vidéo. Nous n'avons donc pas affaire ici à un stockage de fichiers, mais bien directement à l'inscription des données numériques, comme sur un CD audio. En tant que telle, cette piste ne pourrait donc pas être lue sur un PC.

Pour remédier à cette lacune, le Video-CD prévoit donc aussi dans sa norme une structure de fichiers de type ISO, inscrite sur une piste en mode 1.

Le contenu d'un CD vidéo

Les entrées de cette structure de fichiers contiennent donc des pointeurs vers le contenu des pistes vidéo : c'est ce qui nous permettra de lire un CD vidéo sous Windows avec le logiciel Windows Media Player par exemple. Cette arborescence comprend aussi quelques fichiers organisés dans des répertoires de manière très stricte, et qui seront requis par le standard Video-CD.

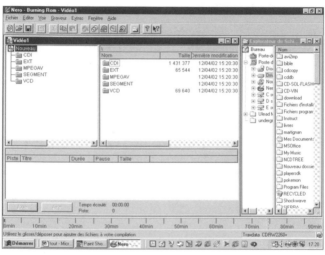

Figure 10.1 : La structure d'un CD vidéo.

Voici la liste de ces répertoires (le S entre parenthèses signale que le répertoire en question est exigé aussi pour le SVCD) :

- **(S)VCD.** Des informations sur les pistes disponibles et la façon dont elles doivent être jouées.

- **EXT (VCD seulement).** Des informations supplémentaires sur la façon de jouer ; valable uniquement pour les lecteurs de CD-I.

- **CDI (VCD seulement).** Ce répertoire contient les applications CD-I Philips et leurs fichiers auxiliaires. Ces fichiers sont utilisés sous la licence de Philips et sont recopiés sur les pistes depuis le dossier qu'occupe le logiciel Nero sur votre disque dur. L'application est responsable de la lecture des pistes sur les lecteurs CD-I.

- **MPEGAV (MPEG-2 pour les SVCD).** Les fichiers AVSEQxx représentent les pistes MPEG sur le Video-CD. Ces entrées du répertoire MPEGAV sont des références (ou pointeurs) vers les pistes en mode 2 du CD, dédiées à la vidéo. Les fichiers MPEG-1 ne sont donc stockés d'aucune manière sur la piste ISO, mais bien sur des pistes spécialisées.

- **SEGMENT.** Les fichiers ITEMxxx correspondent aux images fixes. Celles-ci sont enregistrées sous la forme de blocs en mode 2 dans la première piste et possèdent une taille fixe de 150 blocs.

Signalons qu'il est possible d'ajouter des fichiers et des répertoires supplémentaires au CD-R vidéo. Ils seront ignorés par le lecteur de DVD vidéo de votre salon, mais lus sur votre PC. Il peut s'agir d'une application multimédia, par exemple.

Le rôle de Nero

Vous avez ici un résumé du système d'organisation de base d'un (S)CD vidéo. Dans l'ordre d'apparition des pistes, ce CD ressemblerait à ceci :

- des pistes en mode 2 contenant les données vidéo au format MPEG-1 (MPEG-2 en SCDV) ;

- une piste en mode 1 avec un système de répertoires ISO ;

- sur cette piste ISO, un ensemble de répertoires fixes et standard (EXT, CDI, SEGMENT, etc.) pour que le CD vidéo soit reconnu par un lecteur compatible Video-CD.

Avec cette structure de base, votre disque est totalement compatible avec le standard Video-CD. C'est cette structure que le modèle CD vidéo de Nero 5 met en œuvre, et qui différencie un "CD-ROM contenant de la vidéo" d'un "CD vidéo".

Figure 10.2 : Un CD-ROM contenant de la vidéo.

Mais, nous l'avons dit, les VCD supportent des fonctionnalités avancées optionnelles. Parmi ces dernières on trouvera par exemple des fonctions Karaoké, des applications pour consoles CD-I ou encore des systèmes de menus hiérarchiques contenant des images. Ce sont ces fonctions qui ne

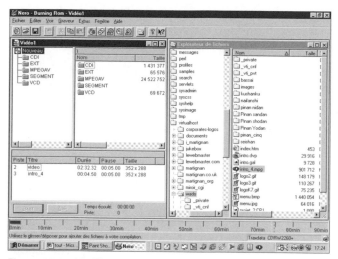

Figure 10.3 : Un CD vidéo.

sont pas disponibles dans Nero 5.0 : le logiciel se contente de créer la structure vide, puis de reprendre simplement une série de fichiers MPEG ou d'images et de les écrire sur le CD-R sur des pistes séparées.

Cette écriture est réalisée — en accord avec la norme Video-CD — pour que la lecture dans un appareil compatible CD vidéo commence par le premier élément. Les boutons Reculer et Avancer de la télécommande permettent de naviguer entre les éléments grâce aux pauses mises en place par Nero entre chaque séquence. Avec Nero 5.0 nous avons donc un CD vidéo rudimentaire, mais fonctionnel, qui ressemble dans son principe à un CD audio : du contenu, mais pas d'interactivité.

C'est cette lacune que complète Nero 5.5 en ajoutant — entre autres — à ce modèle CD vidéo basique un module de gestion de menu qui exploite quelques-unes des possibilités les plus importantes décrites par le White Book. En résumé :

- Avec le module CD vidéo de Nero 5, on crée un disque qui contient de la vidéo enchaînée piste par piste, mais sans possibilité d'interactivité.

- Avec ce même module dans Nero 5.5, on peut aussi créer une interface à menu, que nous utiliserons avec la télécommande du lecteur de DVD pour naviguer dans le disque, ou explorer des commentaires.

L'interface à menu et Nero 5.5

Ces paramètres du menu gérés par Nero 5.5 sont accessibles dans un modèle CD vidéo, depuis la page correspondant à l'onglet Menu dans le panneau Infos de compilation (accessible par le menu Fichier, sous-menu Infos de compilation).

- Quand l'option Activer le menu est cochée, les pages du menu sont ajoutées automatiquement dans la compilation.

- Vous pouvez alors accéder aux options complémentaires du menu et choisir entre plusieurs dispositions prédéfinies de vignettes ou de commentaires, déterminer leur quantité et leur disposition, ainsi que l'affectation d'une image de fond, le choix des polices de caractères, leur couleur, et même un ombrage automatique.

- Ces vignettes ou commentaires correspondront ensuite aux différentes séquences vidéo que vous copierez sur le layout de votre projet de CD-R. Vous pourrez aussi

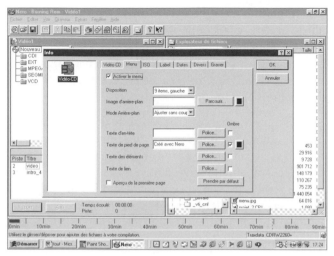

Figure 10.4 : L'onglet de gestion de menu de Nero 5.5.

choisir à travers un menu affecté à chaque piste, quelle image de la séquence vidéo doit être utilisée en tant que vignette.

Le résultat des paramètres choisis dans l'onglet Menu est immédiatement visible dans une petite fenêtre en activant l'option Aperçu de la première page. Signalons que l'utilisateur peut sauvegarder un paramétrage d'interface à menu au moyen du bouton Prendre par défaut. Ce paramétrage devient alors standard pour chaque CD vidéo créé.

Arrivés ici, une première remarque sur cette interface de Nero : elle est plutôt restrictive, en ce sens qu'elle ne vous laisse pas la possibilité de créer des hiérarchies de menus et des arborescences. Vous ne pourrez donc pas créer sur un CD vidéo des menus aussi sophistiqués que ceux d'un DVD vidéo par exemple.

Cette limitation n'est pas inhérente à la norme Video-CD (qui peut être beaucoup plus interactive), mais bien à l'interface de gestion de menu de Nero 5.5. Extrêmement simple à utiliser, puisque totalement automatisée, celle-ci est très conviviale. En contrepartie de cette automatisation, elle est plutôt bridée.

Il est néanmoins possible, avec un zeste de créativité, et en l'état, de créer des interfaces séduisantes. En attendant, dans une prochaine mise à jour nous l'espérons, une possibilité d'enchaîner des menus à travers des liens. Une mise à jour qui semble prévue, si l'on prend au pied de la lettre le texte de la documentation de Nero 5.5 : "*Cette version* de Nero peut produire un [unique] menu par [S]VCD", qui sous-entendrait qu'une prochaine version pourrait agir autrement ?

Le contenu d'un SVCD

Nous savons maintenant comment Nero gère la norme Video-CD de base. Mais il existe une seconde norme, qui n'a jamais été utilisée par aucun lecteur de VCD, et qui est pourtant reconnue par certains lecteurs de DVD, c'est le SVCD.

Le Super Video-CD (SVCD) est une extension du standard Video-CD et a pour particularité d'utiliser la compression MPEG-2 à taux variable. Avec cette norme MPEG-2, il est possible d'utiliser un taux de transfert deux fois plus élevé que celui du VCD. Et la norme MPEG-2, c'est celle du DVD vidéo, dont vous avez probablement déjà pu observer le très haut niveau visuel.

Relativisons : la norme MPEG-2 du SVCD est la même que celle du DVD, mais avec des paramètres différents qui restreignent sa portée :

* 300 Ko par seconde permis, contre 1 Mo pour un DVD vidéo.

* Une compression beaucoup plus importante que celle du DVD par manque de place (donc perte de qualité) : un DVD peut accepter 2 heures de vidéo sur 8 Go de données, mais n'oublions pas que le CD-R est limité au mieux à 700 Mo.

Voilà pourquoi, le CD SVCD est un disque VCD haut de gamme, qui propose une meilleure qualité d'image que le VCD, mais qui en contrepartie ne peut contenir que des vidéos de durée très limitée. Au niveau de qualité maximal, un SVCD créé avec Nero stocke 30 à 35 minutes de film, à comparer aux 90 à 120 minutes d'un VCD.

Le fonctionnement du modèle SVCD sur Nero 5.0 et 5.5 est exactement identique à celui du VCD : en lieu et place d'une séquence MPEG-1 glissée sur les pistes de votre layout, c'est un fichier contenant une séquence vidéo MPEG-2 que vous implanterez.

Avec, tout de même, une limitation importante que nous allons maintenant expliquer. Tant dans Nero 5.0 que dans Nero 5.5, vous ne pourrez pas, avec la version standard, convertir automatiquement un fichier vidéo en séquence MPEG-2 comme vous le feriez avec un fichier MP3 transformé en piste audio. Pourquoi cette restriction ? Explications !

Les normes de Video-CD supportées par Nero 5.x

Les normes de Video-CD et SVCD sont très strictes. Un CD gravé avec un mauvais format serait illisible sur un lecteur de salon. C'est pour ce motif que Nero 5.0 refuse de graver une séquence de mauvais format, et que Nero 5.5 réencode les fichiers.

Pour vous aider à créer des CD au bon format, voici les résolutions standard acceptées par Nero 5.x :

	PAL	NTSC	Norme
VCD, normal	352×288	352×240	MPEG-1[1]
VCD, haut	704×576	704×480	MPEG-1[2]
SVCD, normal	480×576	480×480	MPEG-2
SVCD, haut	704×576	704×480	MPEG-2[3]

(1) Pour l'anecdote, on constate ici que la résolution "haute" d'un SVCD est supérieure ou égale à celle d'un DVD (pas la qualité, le MPEG-1 étant bien moins bon en matière de compression que le MPEG-2 du DVD).

(2) Attention, la séquence doit être "optimisée pour CD" : son débit limité à 150 Ko par seconde, audio compris (soit un rapport de compression vidéo de 1:60 environ). Cochez la case Optimisé pour CD dans votre logiciel d'édition vidéo pour obtenir exactement ce format.

(3) Signalons qu'une image fixe, en revanche, peut avoir une taille différente de celle spécifiée dans le standard (S)VCD.

Nero, les fichiers vidéo et le compresseur MPEG

Lorsque vous gravez un CD audio, vous avez pris l'habitude de faire glisser une séquence sur une piste sans réfléchir : vous prenez un fichier WAV, un MP3, un AIF, vous l'installez sur le layout du disque, point. Cette opération vous semble simple, logique : pourtant, ces glissements conviviaux mettent en branle une mécanique logicielle complexe !

Car le CD audio contient des pistes au format DA : donc, tant que vous ne copiez pas sur un layout un fichier DA, le logiciel doit procéder à une conversion.

En matière de CD vidéo c'est pareil : sans convertisseur intégré au logiciel de gravure, il faut obligatoirement faire glisser sur une piste vidéo, une séquence préparée au format MPEG-1 ou MPEG-2. Pour tout autre format, il faut que le logiciel sache convertir votre format pour que celui-ci devienne, sur le CD-R, MPEG-1 ou MPEG-2.

Or, en la matière, les convertisseurs sont rares sur le marché, et leur conception difficile : résultat, Nero 5.0 n'en était pas équipé ! De ce fait, avec la version de base de Nero 5, il vous est indispensable de préparer le fichier MPEG-1 en dehors du logiciel avant de le graver. Et ce fichier MPEG-1 doit être 100 % compatible CD vidéo : sorti de ce format, Nero 5.0 refuse de graver, et de toute façon, votre CD-R vidéo ne serait lisible nulle part.

Et bien évidemment, le format MPEG est souple : on peut choisir la résolution du film, son taux de compression, le format de ses données audio, etc.

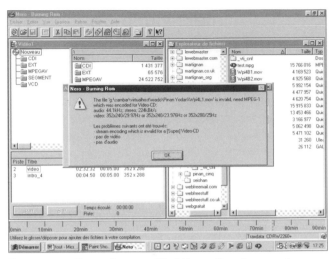

Figure 10.5 : Format incompatible ? Nero refuse de graver !

Imaginez que vous ayez préparé laborieusement votre séquence MPEG-1 pour CD vidéo, et que, pour compresser cette dernière, vous ayez adopté une compression 50:1. La vidéo est au bon format (lire l'encadré précédent), mais son débit est de 160 Ko par seconde au lieu de la norme de 150 Ko. Nero 5.0, dans ces conditions, refuse de graver ! Quand on sait que certains compresseurs MPEG demandent une heure de travail pour une minute de compression… Rageant !

Voilà pourquoi il était urgent que Nero intègre un compresseur MPEG dans ses fonctions de modèles, capable de réaliser lui-même les adaptations de fichiers vidéo au format CD vidéo, ou le cas échéant, d'adapter un fichier MPEG compressé avec les mauvais paramètres. C'est fait avec Nero 5.5, au moins pour le MPEG-1, et éventuellement en MPEG-2 si vous achetez ce plug-in.

Effectuons un tour d'horizon du compresseur MPEG-1 qui équipe Nero 5.5, et explorons ses capacités !

La conversion AVI

Sous Windows, le format standard du fichier vidéo, que celui-ci soit créé avec un logiciel ou extrait avec un utilitaire de capture depuis une carte vidéo, est le format AVI. La gravure de (S)VCD à partir de fichiers AVI est possible avec Nero 5.5.

Entendons-nous bien, la gravure du (S)VCD utilisera toujours le format MPEG-1, mais les fichiers AVI seront transformés et encodés au format MPEG dès le démarrage de la gravure. Ce qui prendra d'ailleurs un temps assez long et utilisera de l'espace temporaire sur disque, sachez-le.

En pratique, vous ferez simplement glisser les fichiers AVI de la fenêtre d'exploration des disques durs vers la fenêtre de compilation vidéo ou vous utiliserez la commande Ajouter du menu Edition.

Dans la fenêtre de compilation et dans les propriétés de piste, Nero affichera les caractéristiques vidéo telles que vous les obtiendrez sur le CD gravé. Vous n'aurez qu'à choisir entre les paramètres de standards télévisuels PAL ou NTSC, et vous adapterez le format de gravure en utilisant l'option Résolution d'encodage du menu correspondant à l'onglet Propriété du CD vidéo du menu Infos.

Attention, il existe une limitation en ce qui concerne le SVCD : les fichiers AVI seront acceptés sur les modèles SVCD seulement si le plug-in MPEG-2 de Nero est installé. Nous reviendrons sur ce sujet.

La conversion MPEG-1 et MPEG-2

Les problèmes de conversion et de format concernent aussi les fichiers au format MPEG-1, nous l'avons dit. Avec l'encodeur de Nero 5.5, lors de l'ajout à une compilation d'un fichier MPEG dont les caractéristiques ne conviennent pas pour un (S)VCD, vous disposerez des options suivantes :

- ignorer la compatibilité ;

- réencoder le fichier ;

- annuler l'ajout.

C'est un vrai progrès de Nero 5.5 sur Nero 5, car ce dernier, en l'absence de dispositif de codage, est totalement incapable de procéder à ce réencodage. Avec Nero 5.5, en revanche, pas de problème : quand le format n'est pas adapté, on réencode !

Pratiquement, le réencodage consiste à décoder le fichier (isoler la suite d'images qu'il contient), à convertir la résolution de ces images, puis à encoder à nouveau le fichier en utilisant les méthodes de compression MPEG.

Si vous choisissez cette option, le processus de réencodage sera réalisé dès que la gravure commencera.

Comme pour l'encodage des fichiers AVI, cette phase prend du temps et occupe temporairement de l'espace sur le disque. Vous pouvez contrôler les caractéristiques de la piste vidéo produite en utilisant l'option Résolution d'encodage de la page Propriétés Vidéo CD des Infos de compilation.

A propos du MPEG-2

Le cas du MPEG-2 est aussi à considérer. Comme dans le cas des fichiers MPEG-1 sur CD vidéo, Nero 5.x accepte de graver des fichiers MPEG-2 sur VCD ou MPEG-1 sur SVCD seulement si ces derniers sont parfaitement compatibles avec le standard.

Et dans Nero 5.5, comme dans le cas du MPEG-1, si le format n'est pas parfaitement adapté, le plug-in codec MPEG-2 est activé, et modifie le fichicr vidéo… s'il est installé.

Or, s'il était prévu, dans un premier temps, d'installer un codeur MPEG-2 dans la version commerciale définitive de Nero 5.5, cette solution n'a pu être finalement retenue en raison de restrictions de licence (pour être précis, Ahead ne sait pas programmer un codeur ou n'en a pas le temps, doit donc l'acheter ailleurs, et c'est trop cher !). Ce problème de droits est regrettable, car la présence de ce plug-in est essentielle : c'est celui-ci qui doit permettre le décodage et l'encodage de fichiers MPEG-2.

En contrepartie, vous n'auriez pas pu acheter Nero 5.5 pour moins de 75 euros (500 francs) si Ahead avait dû payer (cher) un codeur : pesez le pour et le contre…

Bref ! Ce codeur n'était pas présent dans le CD commercial de la version 5.5. Il faudra donc l'acheter sur le site de l'éditeur (**www.nero.com**). Il est constitué d'un fichier appelé "VMPEG-2Enc.dll" que vous devrez installer dans le répertoire de Nero. Avec cet outil, vous pourrez créer des CD SVCD aussi facilement que des VCD, en bénéficiant d'une convivialité et d'une efficacité identiques.

Signalons que pour nos propres besoins, nous avons utilisé le logiciel de création Ulead VideoStudio, lui aussi commercialisé à petit prix et muni d'un codec MPEG-2 de qualité, qui nous a permis de créer des SVCD sans difficultés.

Un lecteur de DVD de salon est-il compatible ?

Nous connaissons les méandres des formats de fichiers MPEG-1 et MPEG-2 associés à Nero et ceux des VCD ou SVCD qui les supportent. Reste à vérifier que nous pourrons lire les CD ainsi gravés. Car, rappelons-le, le postulat de départ est que ces disques seront lisibles sur des lecteurs de DVD vidéo de salon.

Or, cette lisibilité n'est pas toujours acquise… Tous les lecteurs de DVD vidéo ne savent pas lire les CD vidéo. Il faut que leur système électronique le prévoie, et surtout que leur laser soit multiread pour être capable de lire un CD-R (attention, ce n'est pas le cas de tous les DVD vidéo : certains lisent même les CD vidéo, mais ne savent pas lire les CD-R).

Evidemment, dans les magasins, on peut rarement tester. Il faut donc s'en remettre aux conseils du vendeur, qui, dûment informé de la demande (un lecteur de DVD vidéo, compatible CD vidéo, capable de lire un CD vidéo), se trompe parfois par manque d'expérience et fournit un lecteur incompatible. Il faut donc éviter ce genre de mésaventure lorsque vous achetez un lecteur de DVD qui doit lire vos CD-R vidéo gravés avec Nero.

Notons quand même que, généralement, les fabricants de lecteurs de DVD utilisent comme argument de vente les compatibilités de leurs appareils. Ils appliquent donc sur leurs matériels des autocollants qui indiquent "compatible Video-CD", "compatible CD-R" ou "compatible Super Video-CD". C'est la meilleure garantie de compatibilité qui soit !

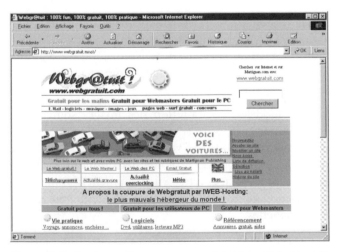

Figure 10.6 : Quelques sites vous proposent des listes de lecteurs de salon compatibles VCD.

Une application annexe : le diaporama !

Terminons ce chapitre sur les possibilités vidéo de Nero en étudiant une application particulière de cet outil : la création de CD vidéo contenant des photos.

Eh oui, à partir de Nero 5, il est possible d'ajouter des images fixes à une compilation (S)VCD. C'est le principe des diaporamas, qui revient à créer sur un CD vidéo une suite d'images fixes, qui peuvent s'enchaîner par pressions successives sur la télécommande.

Contrairement aux films qui ne sont pas codés par Nero 5.0, les images fixes peuvent — et doivent — être encodées par Nero 5.0, et par voie de conséquence, par la version 5.5 également.

Dans la version 5.0, seuls les fichiers image au format JPEG sont reconnus et peuvent être glissés dans la section MPEG d'une compilation (S)VCD. Avec Nero 5.5, il est maintenant possible d'utiliser des fichiers .bmp, .ico, .ljp, .pbm, .pcx, .png, .tga, .tif et .wmf.

Avec ces modèles, la résolution des images sources n'a aucune importance, Nero adaptant automatiquement leur format à la résolution de votre choix, en respectant la norme VCD. Vous pouvez exploiter deux options de visualisation avec les images fixes : enchaînement automatique ou utilisation du dispositif de gestion de menu pour générer des vignettes.

Les images JPEG une fois encodées exploitent une faculté particulière d'affichage d'images fixes mentionnée dans le White Book. Elles seront implantées dans le répertoire SEG-

MENT. Comme un SVCD doit toujours contenir au moins une piste vidéo, Nero créera automatiquement une piste vide si votre projet de disque ne contient que des images.

Créer un diaporama

La création d'un diaporama avec Nero est on ne peut plus simple :

1. Lancez le logiciel.

2. Activez un modèle vidéo.

3. Faites glisser vos images sur la zone des pistes vidéo. Celles-ci sont référencées en tant que piste Vidéo de type Durée infinie.

4. Gravez.

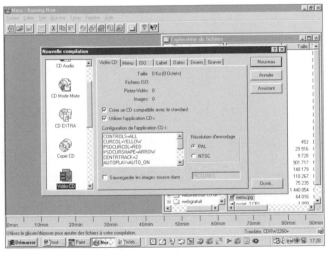

Figure 10.7 : Activez un modèle vidéo.

Une fois votre CD installé dans un lecteur de DVD, il vous suffit de passer d'une piste à l'autre avec les touches Piste suivante et Piste précédente de votre télécommande pour passer en revue toutes les photographies. Ces mêmes "pistes" contenant une photo seront référencées dans le système de menu exactement comme une véritable piste.

Chapitre 11

Copier des DVD

Evidemment, il était difficile de passer en revue les fonctions vidéo de Nero sans s'arrêter un instant sur une application sulfureuse du logiciel : la copie de DVD vidéo sur CD-R vidéo.

A ce stade, quelques explications ne seront pas inutiles : vous savez déjà depuis le chapitre précédent, différencier l'application "vidéo gravée sur un CD-ROM", de celle qui consiste à créer un "CD correspondant à une norme vidéo".

Mais vous avez probablement entendu parler de DivX ? Vous savez, ce format vidéo qui est à l'image animée ce que le MP3 est aux séquences sonores. Pour bien comprendre DivX, faisons une comparaison :

- Nous avons vu, au cours des chapitres précédents, qu'il est possible de créer un CD contenant du son sous une forme MP3. Nous avons vu également que ce CD MP3 est un CD-ROM qui supporte des fichiers contenant du son au format MP3. Et que ces CD-ROM sont lisibles sur des platines de salon particulières.

- En matière de vidéo, c'est exactement la même chose : un CD-ROM qui contient un fichier vidéo au format DivX ou AVI reste un CD-ROM. Comme dans le cas du MP3, ce CD-ROM sert de support de stockage pour des fichiers contenant des films DivX. En tant que tel, il est donc lisible uniquement sur un ordinateur PC ou Macintosh.

Ce qui est bien dommage puisque, à l'instar du CD audio, qui peut être lu sur un PC, mais aussi dans une voiture ou sur une platine de salon, nous aimerions pouvoir lire nos CD contenant des vidéos dans l'appareil qui leur est dédié dans toutes les maisons (modernes…) : le lecteur de DVD de salon.

◈ *info*

À propos de DivX

DivX est un format de fichier vidéo très compact qui permet de graver des CD-ROM contenant un film d'une heure trente avec une très haute qualité. Vous trouverez de très nombreuses informations sur le logiciel DivX sur **http://martignan.com**, ainsi que dans l'ouvrage *Le Magnum Gravure des CD et DVD* du même auteur, chez le même éditeur.

Possible ? Oui ! Evidemment, il faudra en passer par quelques manipulations intermédiaires — les DVD sont protégés et il faudra contourner leurs dispositifs anticopie — pour récupérer le contenu du disque DVD vidéo, le copier sur un disque dur, le transformer pour le rendre compatible avec les modèles vidéo de Nero 5. Mais ça marche ! Explications.

La suppression des protections de DVD

Pour assimiler le principe d'une copie de DVD sur un CD vidéo, commencez par bien comprendre que Nero ne supprime pas les protections des DVD. Il sait créer un CD vidéo, générer les formats de CD vidéo qui se marient le mieux avec un lecteur de DVD de salon, mais il ne se préoccupe pas du disque DVD en tant que tel.

Pour graver une copie de DVD sur un CD-R vidéo, avec Nero 5 ou 5.5, il vous faudra donc partir d'un fichier sur le disque dur, déjà extrait d'un disque DVD vidéo, et converti aux formats compatibles avec Nero. Et pour que ce fichier soit sur le disque dur, il va falloir le sortir du disque DVD… donc contourner toutes les protections qui nous en empêcheront. Présentation des protections d'un disque DVD.

La macrovision

La première protection du DVD vidéo est l'Analog CPS. Elle est fondée sur un circuit intégré compatible avec la norme Macrovision 7.0. Elle part du principe que, grâce à une modulation spécifique des cartes d'acquisition des PC ou encore des systèmes d'enregistrement des magnétoscopes, l'image copiée est tellement dégradée qu'elle en devient inutilisable. C'est un procédé de protection qui concerne uniquement la copie analogique. Il suffit de copier le fichier MPEG-2 d'un DVD vidéo sur un disque dur, de supprimer par voie logicielle le dispositif macrovision pour contourner la protection.

Certains logiciels de ripping (nous allons en parler dans les sections suivantes) de fichiers vidéo proposent directement une fonction de suppression de macrovision.

Le CSS

Pour anticiper cette relative vulnérabilité du dispositif macrovision, on a ajouté au premier niveau de protection analogique un second niveau de protection, qui agit cette fois au niveau des lecteurs et de l'accès aux fichiers contenus dans les disques ! Le CSS (*Content Scrambling System*) est une forme de cryptage des données qui empêche de lire directement le fichier MPEG à partir du disque.

Le principe est relativement simple : pour consulter la séquence audio ou vidéo, une clé de 40 bits (stockée sur 5 octets) est exigée par le dispositif de lecture. En son absence, impossible d'accéder au fichier et de faire défiler les images. On crypte donc le fichier MPEG sur le DVD, afin qu'une lecture sur DVD-ROM soit obligatoirement précédée par un décryptage. Cela empêche de copier le fichier par glisser-déposer *via* le Bureau de Windows par exemple.

Ici, le but est évident : empêcher l'utilisateur de manipuler la séquence vidéo avec des outils informatiques : insérez un DVD vidéo dans votre lecteur de DVD-ROM, essayez de copier, vous verrez, c'est impossible ! Ce qui ne nous gênera pas vraiment : nous avons désormais à notre portée un procédé d'extraction des pistes, le ripping, 100 % légal.

Le substitut légal de DECSS : le ripping !

Le principe du ripping est simple ! Puisqu'il est interdit d'utiliser un logiciel de décryptage et sa clé officielle issue des services du consortium DVD pour accéder aux séquences DVD vidéo contenues dans un disque… on testera toutes les clés jusqu'à ce que l'une d'entre elles fonctionne ! Quelques centaines de milliers de combinaisons qu'un Pentium II 300 met à peine quelques secondes à tester ! Ça marche, c'est autorisé (aujourd'hui en tout cas), et nous y reviendrons plus loin !

Les rippers

Les rippers sont les outils chargés de l'extraction des pistes de vos films DVD sur le disque dur. Un seul logiciel de ripping est véritablement efficace et fréquemment mis à jour, il s'agit de CladDVD (liens pour le télécharger sur **http://martignan.com/echarton** et **http://www.webgratuit.com**).

CladDVD

CladDVD fonctionne en association avec le logiciel Vobdec, petit utilitaire rudimentaire sous DOS. Cette association d'outils permet d'extraire les séquences avec extension .vob contenues dans un disque DVD vidéo, et de les copier sur un disque dur. CladDVD ne réalise aucune modification ni altération du fichier contenant le film stocké sur le DVD vidéo. Or, une transformation est indispensable, puisque les formats vidéo du CD vidéo sont différents de ceux du DVD.

Ce sont des outils tels que FlasK MPEG, DivX ou le codec MPEG-2 de Nero 5.5, qui permettent les conversions, et qui se chargent de cette manipulation, une fois la séquence vidéo copiée depuis le DVD arrivée sur votre disque dur.

Pour le moment, pendant le ripping, Vobdec trouve le code, et, pendant l'extraction, CladDVD se charge d'autres missions : il supprime les codes de zones par exemple (votre DVD devient donc international et lisible sur n'importe quel lecteur de salon ou DVD-ROM de PC), ainsi que les protections de type macrovision.

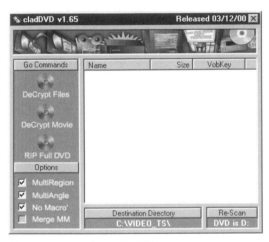

Figure 11.1 : Le ripper CladDVD.

Evidemment, CladDVD et les autres rippers ne possèdent pas de licence officielle : ils cassent donc les protections pour tenter de vous donner accès au film. Et ça ne marche pas toujours...

Trois symptômes vous informeront de l'échec du logiciel :

• Après le démarrage, en quelques secondes, voire quelques minutes, vous obtenez le message "Travail terminé". C'est totalement impossible, l'extraction de vidéo prend plusieurs heures !

- Après plusieurs minutes, CladDVD n'a extrait que quelques pistes de toute petite taille (celles d'un DVD vidéo totalisent souvent plus de 6 Go) !

- Dans la zone Vobkey, la clé affichée n'est pas composée de numéros ou de lettres, mais de caractères étranges.

Si vous rencontrez ce type de problèmes, essayez l'une des manipulations suivantes :

- Lancez votre lecteur logiciel de films DVD, lisez le film une dizaine de secondes et relancez CladDVD.

- Lancez votre lecteur logiciel de films DVD, lisez le film une dizaine de secondes, faites une pause, et relancez CladDVD.

⊕ info

Qui est le maître des VOB clés...

Un fichier .vob est protégé par une clé de description. Le logiciel Vobdec utilise le principe de la force brute pour identifier la clé. La méthode est classique : en utilisant la puissance d'un PC, on teste toutes les clés imaginables jusqu'à ce que la bonne soit trouvée et que le sésame DVD s'ouvre enfin. Cette manipulation ne prend que quelques secondes.

Si CladDVD est lancé, mais semble ne rien faire, c'est probablement que votre disque n'est pas crypté : je vous rassure, c'est vraiment rare !

Signalons pour finir que CladDVD évolue très souvent : il y a un an, la version 1.53 était la plus efficace. Cette dernière n'est plus capable aujourd'hui d'extraire tous les contenus vidéo des DVD. Elle a donc été remplacée par la version 1.65, efficace sur quasiment tous les disques sortis jusqu'à fin 2000. Une version 1.99 est sortie en mars 2001 en version bêta : cette mise à jour vainc à cette date les dernières résistances des disques (ça arrive) !

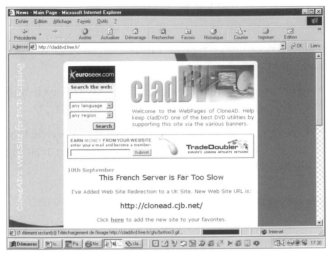

Figure 11.2 : Le site du ripper CladDVD.

Les convertisseurs

Après le ripper, intervient le codeur. Car la piste vidéo que CladDVD aura extraite sur votre disque dur est au format MPEG-2, contenue dans un fichier à extension .vob.

Ce fichier occupe par ailleurs, et au minimum, 5 Go de données, et il n'est pas aux formats supportés par Nero, y compris en SVCD. Inutile d'espérer le graver tel quel : il faut le convertir ! Plusieurs solutions à ce stade :

• Utiliser le convertisseur MPEG-2 de Nero si vous l'avez acheté, et s'il est disponible : à l'heure où nous écrivons ces lignes, nous n'avons pas pu le tester. Avec cette solution, en tout cas, vous devriez être en mesure de graver directement une piste VOB sur un Super Video-CD.

• Utiliser un convertisseur extérieur : c'est la solution la plus fréquemment retenue. On sort les séquences vidéo du DVD avec CladDVD, et on transforme ces séquences en format MPEG-1 pour les graver sur un VCD avec Nero.

FlasK MPEG (version 0.594 au 31 août 2000)

http://go.to/flaskmpeg

Ou cherchez-le sur le site **www.webgratuit.com**.

Le convertisseur que nous avons retenu, FlasK MPEG, transforme notamment une séquence issue d'un format (le MPEG-2 du DVD par exemple) en la même séquence avec un autre format (par exemple DivX ou MPEG-1 pour créer un CD vidéo).

FlasK MPEG vous permet de sélectionner le codec de votre choix, pour peu que ce dernier soit installé sous Windows. Il est également muni de ses propres codecs internes pour générer du BBMPEG. Totalement intégré au principe des DVD vidéo, ce convertisseur vous proposera de choisir la piste sonore de votre fichier de sortie. Les DVD sont en effet multilingues, mais pas les CD vidéo : il faut donc retenir une seule des pistes du disque original. Ne vous trompez pas, j'ai pour ma part réalisé de nombreuses copies de mes originaux… en espagnol ! Ce qui est particulièrement décevant, puisque la conversion d'un film de 2 heures prend environ 12 heures avec cet outil !

FlasK MPEG est 100 % open source (donc gratuit) et peut être distribué librement. En tant que tel, il n'est pas prêt à

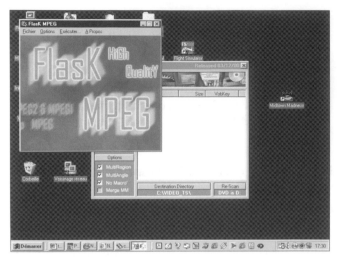

Figure 11.3 : FlasK MPEG.

graver des fichiers MPEG-1 compatibles avec le CD vidéo,
il ne sait que lire et interpréter les séquences du DVD vidéo
en MPEG-2. Il a besoin ensuite d'un plug-in pour exporter
et convertir la vidéo. Vous devrez lui adjoindre un des plug-
in de compression suivants :

- plug-in LSX-MPEG-1.0+ ;
- plug-in Panasonic Premiere 2.01 ou 2.1+.

Les informations sur ces plug-in et leur méthode d'installation sont sur le site :

http://www.flaskmpeg.net/docs/readme_fr.html.

En pratique

Tout est prêt ? Passons à la pratique ! Vous êtes muni :

- de Nero 5.x ;

- des utilitaires CladDVD et FlasK MPEG installés ;

- d'un DVD vidéo.

Le ripping

Vous allez devoir dans un premier temps procéder au ripping :

1. Insérez le DVD vidéo dans le lecteur de DVD-ROM de votre PC.

2. Lancez le logiciel CladDVD, vous observez le contenu de votre disque DVD.

3. Vous pouvez cocher à ce stade les cases MultiRégion et No Macro, qui suppriment le zonage et la protection par macrovision.

4. Cliquez sur l'icône RIP Full DVD : le contenu du DVD vidéo est extrait sur votre disque dur ! Sans difficultés, puisque tout est architecturé sous la forme d'un système de fichiers ISO 9660 !

5. Après quelques heures, votre disque devrait être garni de 4 à 6 Go de données supplémentaires ! La protection CSS est contournée, mais nous n'avons pas terminé.

La conversion en MPEG

Une fois les séquences VOB du DVD vidéo copiées sur votre disque, il vous reste à les transformer en fichiers MPEG-1 compatibles avec les modèles audio de Nero.

Lancez le logiciel FlasK MPEG, demandez File, sous-menu Open DVD file, et pointez sur le répertoire qui contient les fichiers VOB extraits du DVD.

Pointage sur les pistes

La piste DVD est automatiquement choisie. En revanche, vous devez choisir l'une des pistes audio (trois dans la plupart des cas), car la séquence compressée au format MPEG-1 peut recevoir une seule de ces pistes. Choisissez ensuite vos compresseurs : menu Option, sous-menu Choix du format d'exportation. Définissez MPEG-1. Idem dans Option du projet global : demandez le format exact d'un CD vidéo, selon les spécifications acceptées par Nero, à savoir PAL, 352 pixels par 288 (consultez l'encadré "Les normes de Video-CD supportées par Nero 5.x" du Chapitre 10 pour plus de précisions sur les formats acceptés).

Lancer la conversion

Cliquez ensuite sur Exécuter et Démarrer la conversion : votre fichier est traité et compressé. D'ici une dizaine d'heures pour 90 minutes de film, votre vidéo MPEG-1 sera prête ! Contenue dans un fichier au format .mpg, elle sera lisible avec le Lecteur Multimédia de Windows et occupera à peine quelques centaines de mégaoctets sur votre disque dur !

À propos du MPEG-2

Si vous êtes équipé du codeur MPEG-2, la manipulation est exactement identique à ceci près que vous devez mettre en œuvre le modèle SVCD... et que vous devez graver votre copie de film sur cinq CD-R au moins, un CD-R ne pouvant contenir plus de 30 minutes de vidéo au format MPEG-2.

La gravure avec Nero 5.0 et Nero 5.5

Après ces acrobaties, la gravure d'un CD vidéo, copie de notre DVD vidéo, sous Nero 5 relèvera de la simple formalité !

Après avoir lancé Nero :

1. Validez le modèle Vidéo CD.

2. Dans l'onglet Vidéo CD, cochez l'onglet Compatible avec le standard, et Utiliser l'application CDI.

3. Cliquez sur le bouton Nouveau.

4. En explorant la fenêtre de droite, faites glisser le fichier MPEG-1 que vous venez de créer depuis le disque dur vers la fenêtre de gauche, dans la zone du bas, vierge. Nero vérifie la séquence puis affiche son nom et sa durée.

5. Déroulez le menu Fichier, sous-menu Graver le CD. Dans quelques minutes, votre disque sera prêt et votre lecteur de DVD de salon pourra l'avaler !

info

La conversion de fichiers VOB avec Ulead VideoStudio
Ulead VideoStudio et son grand frère Ulead MediaStudio sont équipés d'un convertisseur MPEG-2 et d'un autre au format MPEG-1 : tous deux permettent donc en théorie de lire une séquence VOB MPEG-2 de DVD et de la convertir directement en MPEG-1. Vérification faite : ça marche... mais pas toujours. La version que nous avons testée butait au bout de quelques minutes sur certains films DVD (message d'erreur de décompression MPEG-2), et ne posait aucun problème avec d'autres.

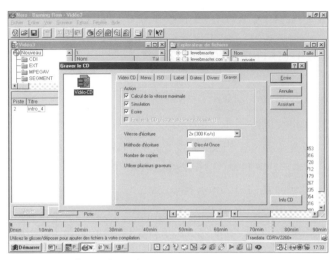

Figure 11.4 : Gravez la copie.

Il est probable que l'éditeur mettra à jour fréquemment ses convertisseurs sur son site (**http://www.ulead.com**) pour contourner ce type d'erreurs.

info

Avec Nero 5.0, votre logiciel refusera de graver la séquence et affichera un message d'erreur "mauvais format MPEG" si votre séquence n'est pas parfaitement compatible avec le standard Video-CD. En revanche, Nero 5.5 procédera à une adaptation automatique du fichier avec son compresseur MPEG-1. Sachez que cette rectification peut prendre plusieurs heures, et qu'elle aura lieu juste avant la gravure.

Chapitre 12

Créer des CD-R vidéo

Avec Nero 5.5, n'importe quel fichier AVI récupéré par votre carte graphique peut être transformé en fichier MPEG compatible grâce au compresseur vidéo intégré.

Avec Nero 5.0, cette préparation est extérieure, et aura lieu grâce à un compresseur tel que FlasK MPEG (présenté au chapitre précédent) ou encore AVI2MPG1 (disponible à l'adresse **http://www.mnsi.net/~jschlic1/**), ou mieux, avec un logiciel d'édition vidéo tel qu'Adobe Premiere ou Ulead VideoStudio.

La compression, c'est la première étape : elle vous conduit à être muni d'une vidéo compatible White Book. Une fois que votre séquence vidéo répond au bon format, vous pouvez utiliser les modules des logiciels pour créer automatiquement un disque compatible avec les lecteurs de CD vidéo.

Il suffit d'activer le modèle, d'activer une piste vidéo dans ce modèle (format XA, mode 2) et d'inclure le fichier MPEG sur cette piste.

Votre principal problème sera donc de trouver de la matière à graver : séquences existantes déjà présentes sur le disque dur, mais aussi séquences en provenance de sources extérieures.

La récupération de vidéos existantes

Commençons par les séquences extérieures, en répondant à cette question : comment récupérer une séquence pour la transformer en CD vidéo ? Car la récupération de vidéos existantes en vue de leur transfert sur CD est intéressante dans de nombreux cas :

- archiver des bandes HI 8 ou 8 mm pour assurer leur pérennité ;

- transférer des bandes vidéo VHS en vue d'une meilleure lecture sur CD vidéo ;

- récupérer un concert à la télé pour en faire un CD vidéo !

Vous devez savoir que les cassettes vidéo du commerce sont munies d'un dispositif de protection qui provoque une dégradation de la qualité à chaque copie. Problème : votre cassette VHS a une durée de vie qui excède rarement dix ou quinze ans. Votre investissement risque donc d'être perdu si vous ne recopiez pas vos originaux : c'est autorisé par la loi !

La dégradation de l'image : un processus à maîtriser

Second problème, avec le mécanisme de dégradation de l'image, le simple transfert sur cassette VHS provoque des images délavées et de mauvaise qualité. Ici intervient le PC : sa carte d'acquisition vidéo est capable de traiter et de corriger les images. Le transfert de ces images sur CD vidéo rend la séquence quasi indestructible, car protégée par le média CD-R.

Mais la récupération de bandes vidéo existantes implique un processus complexe : ici encore, comme dans le cas de la copie de cassettes audio ou de disques vinyle, il faut passer d'un mode analogique à un mode numérique. Il nous faut donc une chaîne d'acquisition et d'édition. Celle-ci se compose de quatre étapes. Chacune de ces étapes risque chaque fois de dégrader l'image :

- La carte d'acquisition vidéo dégrade l'image par la conversion analogique numérique.

- Le PC stocke les vidéos : il manque de la place, vous augmentez la compression MJPEG, et la qualité est encore malmenée.

- Le logiciel édite et convertit les vidéos au format du CD : le compresseur XING ou AVI2MPEG réduit leur taille. Paradoxalement, plus le fichier vidéo original contient de défauts, plus la compression MPEG augmente démesurément ces défauts.

- Le logiciel de gravure va, pour finir, graver l'image : le risque de nuisances dues au graveur est très faible, mais quelques problèmes d'inscription en mode 2 provoquent des défauts dans la séquence.

Gardez à l'esprit qu'à chaque étape de cette chaîne, la qualité de l'image se dégrade un peu plus. Quelques règles simples permettent pourtant d'améliorer sensiblement la qualité, à peu de frais. Faites attention à la connectique. Un câble de 2 m reliant votre Caméscope ou votre magnétoscope à votre PC et c'est 20 % à 30 % de qualité perdue. N'économisez pas sur le prix de ce câble. Moins il est cher, moins il est fiable, et plus les risques de bruits ou d'interférences sont élevés.

Côté stockage

Reste le problème du disque dur. Une minute de vidéo, selon qu'elle est compressée directement en format Indeo ou qu'elle utilise la plus haute qualité possible, occupera sur votre périphérique de stockage entre 15 et 50 Mo ! Il faut le prévoir. Une fois de plus, examinez vos besoins : si vous souhaitez travailler sur de longues minutes de film, il vous faut absolument une carte à compression Indeo ou MJPEG intégrée pour limiter la taille des fichiers. Toutes les cartes Miro et Fast sont équipées de processeurs MJPEG. Certaines sont maintenant équipées de compresseurs MPEG, c'est encore mieux.

Dans tous les cas, prévoyez un disque d'au moins 10 Go, le plus confortable étant un disque de 30 Go, capable de conserver les fichiers, mais également le logiciel de montage et ses scripts. Car la carte seule n'est rien, il lui faut un logiciel pour acquérir, manipuler et gérer les fichiers.

info

Qu'est-ce que le MJPEG ?

Le format vidéo MJPEG est souvent confondu (à tort) avec le format MPEG : ce format (Moving-JPEG) est un fichier vidéo composé d'une suite d'images compressées au format J-PEG.

A l'inverse, le format MPEG est un fichier vidéo qui contient des groupes d'images optimisées.

Du côté des logiciels de montage

En ce domaine, une référence absolue : Adobe Premiere. Et quelques outsiders : le logiciel de montage vidéo d'Asymetrix et le logiciel VideoStudio d'Ulead. L'un de ces trois logiciels est presque toujours livré avec une carte d'acquisition vidéo. Si ce n'est pas le cas, choisissez une autre carte ! Que feriez-vous d'une voiture sans carburant, ou d'une carte d'acquisition sans logiciel de montage ? Le meilleur de ces trois logiciels est sans aucun doute Adobe Premiere. Livré dans sa version LE (édition limitée), il permet de faire presque tout : montage, édition, effets de transition, transparence. Les deux autres sont moins conviviaux, et un peu moins puissants.

Une fois votre séquence acquise, montée, convertie en MPEG-1 avec le compresseur de votre logiciel de montage, ou conservée au format AVI pour une compression par Nero, il est temps de graver un CD vidéo.

Gravure pas à pas d'un CD vidéo

Dans cet exemple, nous partirons du principe que les utilisateurs de Nero 5.0 qui ne sont pas équipés de compresseurs vidéo MPEG, sont en possession d'un fichier correspondant à une séquence MPEG-1, formatée pour le Video-CD (352 par 288 pixels en PAL), et créée, par exemple, avec le logiciel d'édition Adobe Premiere ou encore Ulead VideoStudio.

Seuls les utilisateurs de Nero 5.5 pourront exploiter directement une séquence au format AVI ou MPEG-1 non formatée pour les standards VCD, Nero 5.5 assurant alors la compression et la correction immédiatement avant la gravure. Seuls les utilisateurs de Nero 5.5.4.0 ayant acquis le codeur MPEG-2 pourront pour leur part compresser et graver automatiquement des SVCD.

Attention, dans le cas des fichiers AVI, ces derniers doivent absolument être associés à un codec Windows : le fichier AVI que vous projetez de graver doit être reconnu par le système d'exploitation. Pas de panique, si ce fichier est lisible sur votre PC avec le Microsoft Windows Media Player, c'est que son codec est bel et bien là !

À propos des codecs

Les codecs sont des codeurs-décodeurs vidéo : Windows les utilise pour créer, mais aussi pour lire les fichiers vidéo au format AVI. AVI est en effet un type de fichier soumis à plusieurs formats : Raw, RLE, Indeo sont, par exemple, des codecs.

Nero 5.5 utilise le codec d'un fichier AVI pour comprendre la méthode de codage de son contenu et le lire en vue de sa transformation.

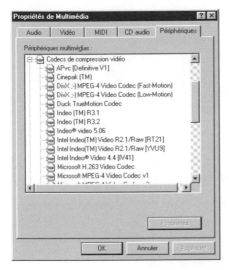

Figure 12.1 : Les codecs.

Valider le modèle

Lancez votre Burning Rom. Une fois le logiciel lancé, la première fenêtre qui s'affiche vous propose de valider un modèle : cliquez sur l'icône Video-CD 2.0 ou SVideo-CD 1.0 et validez en cliquant sur Nouveau. Le layout du CD vidéo est mis en place.

Vous pouvez maintenant faire glisser autant de pistes vidéo AVI ou MPEG que vous le souhaitez de la fenêtre de droite, qui explore le disque dur, vers celle de gauche, qui reçoit le contenu du futur disque.

Les fichiers non compatibles et Nero 5.5

Lorsque vous ferez glisser une séquence vidéo non compatible avec votre projet de CD vidéo, (SVCD ou VCD), Nero

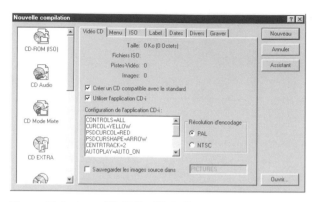

Figure 12.2 : Le modèle Vidéo CD de Nero 5 est un outil simple pour créer des CD vidéo.

Figure 12.3 : Une piste non compatible.

affichera automatiquement la boîte de dialogue de la Figure 12.3.

Trois choix seront proposés :

- **Passer outre l'avertissement et graver le CD "quand même".** Ce dernier sera lisible sur PC, mais jamais sur lecteur de CD vidéo ni sur lecteur DVD vidéo de salon.

- **Réencoder le fichier.** Votre fichier sera standard, mais la procédure de réencodage prendra du temps, avant la gravure.

- **Annuler.** Pour charger une autre piste en remplacement par exemple.

Le plus logique sera de cliquer sur Réencoder : et de patienter !

Saisir les données du modèle Vidéo CD

Pour que votre CD vidéo soit compatible avec les anciens lecteurs de CD vidéo, il doit contenir les programmes CD-I. C'est Nero qui va se charger de copier automatiquement ces morceaux de fichiers. Déroulez le menu Fichier, sous-menu Infos de compilation, et assurez-vous que, dans l'onglet Vidéo CD, la case à cocher Utiliser l'application CD-I est validée.

Pour les lecteurs DVD de salon, la case Créer un CD compatible avec le standard suffit.

Vous pouvez demander la création d'un menu en cochant la case Activer le menu dans l'onglet Menu : celui-ci sera

automatiquement créé en adoptant pour labels les références de chacune de vos séquences vidéo. Avec une variante :

- Si, dans la liste Disposition, vous validez Items, les pistes seront référencées sous forme de lignes de texte.

- Si, dans cette même liste Disposition, vous validez
Vignettes, ce sont les premières images de chaque piste
qui seront utilisées par défaut.

Pour substituer à la première image qui compose les
vignettes une autre image, prise elle aussi dans la séquence
concernée, double-cliquez sur la piste vidéo de cette dernière, sélectionnez l'onglet Menu (voir Figure 12.4), et
choisissez votre image.

Dans cet onglet Menu, vous pouvez choisir une image de
fond, définir des textes de haut et de bas de page, ainsi que
leur couleur. Cochez Aperçu de la première page pour prévisualiser le résultat de votre menu.

Signalons que le fonctionnement du modèle Super Video-
CD n'est pas très différent de celui des VCD : les interfaces
à menus sont gérées exactement de la même manière. Seule
différence notable, dans l'onglet Vidéo CD, l'impossibilité
de créer une application CD-I, et le choix proposé entre
une gravure de séquences MPEG-2 ou MPEGAV : seul le
format MPEG-2 permet de créer de vraies séquences
MPEG-2 lisibles le cas échéant avec un lecteur de DVD de
salon compatible SVCD.

Signalons d'ailleurs ici que les Super Video-CD MPEG-2
seront lisibles par les logiciels de lecture DVD de PC, mais
beaucoup plus rarement par les lecteurs de DVD de salon.
Ajoutons que seul le codeur MPEG-2 de Nero — à ma
connaissance — sait créer de vraies séquences 100 % com-

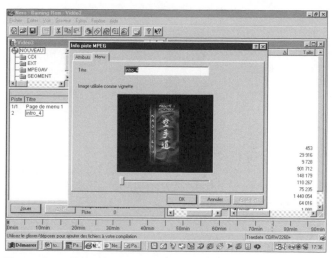

Figure 12.4 : Substituez aux vignettes du menu une autre image de la séquence vidéo.

patibles SVCD. Il faudra donc l'acheter pour mettre toutes les chances de votre côté si vous souhaitez graver des CD vidéo SVCD lisible dans votre lecteur de salon SVCD.

Ajouter vos programmes

Il est possible d'ajouter dans la structure ISO vos propres programmes : par exemple, un programme multimédia chargé d'activer les vidéos à partir d'un PC ou encore des données complémentaires. Pour agir sur le contenu ISO, faites glisser, comme indiqué à la Figure 12.5, des données depuis le disque dur (fenêtre de droite), vers la zone des répertoires à gauche. Les répertoires ou fichiers ainsi ajoutés ne font pas partie du standard Video-CD et seront donc affichés en jaune (au lieu de rouge).

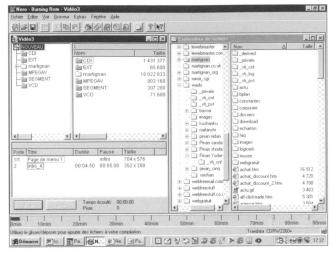

Figure 12.5 : Ajoutez des programmes. Faites glisser vos applications sur la piste ISO.

Vérifier et graver

Votre projet de CD-R est prêt ? Il ne vous reste plus qu'à vérifier que tout est fonctionnel, et à graver ! Dans quelques minutes, votre disque sera lisible sur n'importe quel PC, avec la fonction Control Active Movie du menu Démarrer, Programmes, Accessoires, Divertissements ou encore avec le Windows Media Player, accessible depuis la barre des tâches.

Si votre lecteur de DVD est compatible (cas assez fréquent), celui-ci lira également votre CD vidéo.

La conversion en **MPEG-2** et la gravure sur **DVD-R**

Selon le même principe, nous devrions être en mesure de graver des DVD vidéo MPEG-2 avec le plug-in MPEG-2 de Nero, et un graveur de DVD-R. Cette manipulation n'est malheureusement pas encore accessible à tous. Nero sait pour l'instant graver les DVD UDF (qui est le format d'organisation d'un DVD vidéo), coder les séquences en MPEG-2 (qui est le format des vidéos du DVD), mais pas créer sa structure.

Cette amélioration devrait arriver sous peu…

Index

Achevé d'imprimer le 15 mars 2002
sur les presses de l'imprimerie «La Source d'Or»
63200 Marsat
Dépôt légal : 1er trimestre 2002
Imprimeur n° 9304